TAGESZEITGEBETE DER JESUS-BRUDERSCHAFT

TAGESZEITGEBETE DER JESUS-BRUDERSCHAFT GNADENTHAL

Mit Wochenpsalmen,
liturgischen Gesängen
und Liedern

PRÄSENZ-VERLAG

Eine Reihe von Gesängen und Psalmen sind auf Musik-Kassetten beim Präsenz-Verlag der Jesus-Bruderschaft erhältlich.

(Quellenverzeichnis Seite 308 ff.)

Typografie: Alfred Mutschler, Bad Dürrheim
Grafik: Andreas Felger, Bad Camberg
Notensatz: Reiner Knierim, Reutlingen
Satz und Druck: Ludwig Probst, Villingen-Schwenningen
Buchbindearbeit: Ernst Riethmüller & Co GmbH, Stuttgart

ISBN 3-87630-499-7

Ich bete darum,
daß sie alle eins seien,
Vater,
damit die Welt es glaubt,
daß du mich gesandt hast.

Jesus Christus

III. LIEDER UND GESÄNGE

VORWORT
WIR DÜRFEN BETEN

Unser erstes Buch mit den Tageszeitgebeten ist – nach drei Auflagen – nun schon lange vergriffen. Immer wieder haben Menschen in den letzten Jahren nach einer schriftlichen Fassung unserer Gebetszeiten gefragt. Das freut uns, zeigt es doch, daß hier Freunde mit uns unterwegs sind, die auch nach dieser Ordnung beten und so unseren Tag teilen wollen. Nach Jahren des Ausreifens der Stundengebete ist ein neues Buch entstanden. Es ist eine festliche Ausgabe, die auch in ihrer äußeren Gestalt die Freude an Gott ausdrücken soll. Wir geben dieses Buch dankbar weiter in der Hoffnung, daß mit uns viele den Segen eines beständigen Gebetslebens erfahren. Im Gebet liegt eine große Kraft – für den Beter selbst, für die Gemeinde und für alle, die in das Gebet eingeschlossen werden.

In den ersten Jahren unseres gemeinsamen Lebens lernten wir unterschiedliche Gebetsformen schätzen. Liturgie und Spontaneität, gemeinsames Gebet und einsames Stehen vor Gott – dies alles gehört zusammen und bedarf der Übung und Pflege. Während wir das Beten üben – mit einer tiefen Liebe zu unserem Herrn und einer herzlichen Teilnahme an seinen Anliegen – entdecken wir, daß das Gebet mehr und mehr unser Leben prägt und durchdringt. Die Tageszeitgebete können wie die Pfeiler einer Brücke sein, die unsere Gedanken und unser alltägliches Leben über gefährliche Ströme und Abgründe hinweg trägt.

Betende Menschen sind Menschen der Hoffnung. Von Gott gesandt, um füreinander zu hoffen, dürfen wir in unserem Leben stehen. Das Gebet verbindet uns mit unserem Herrn und Meister, dem alle Macht gegeben ist; es verbindet uns mit den abwesenden Geschwistern und Freunden in ihren Diensten und Häusern.

Immer wieder dürfen Christen erfahren, daß der Heilige Gott in seiner Güte auf unser Beten antwortet. Er selbst legt uns seine Anliegen ins Herz. Er ermutigt uns, Großes von ihm zu erwarten – nicht nur für uns, nicht nur für unseren engsten Bereich wie Familie, Hauskreis und Gemeinde, sondern auch für die Menschen, denen wir in unserem täglichen Leben begegnen, für die Christen anderer Konfessionen und Kreise, für die Gesellschaft, den Staat und für die ganze Welt, die Gottes Welt ist.

Der Schlüssel dazu, daß wir Christen – aus dem Gebet kommend – zu einem Segen für diese Welt werden, liegt in unserem christlichen Leben, in unserem Verhältnis zueinander. Deshalb auch das Ringen Jesu im Gebet zu seinem Vater: Ich bitte, . . . daß »sie alle eins seien, wie wir eins sind, . . . damit die Welt erkenne, daß du mich gesandt und sie geliebt hast.« (Joh 17, 20 – 23)

Wir wollen auf dieses Gebet Jesu mit unserem Leben und Beten antworten. Dazu will dieses Buch eine Hilfe und ein ständiger Begleiter sein.

GELEITWORT
AN DIE JESUS-BRUDERSCHAFT

Seit alter Zeit gelten in der Kirche Christi, in der communio sanctorum (Gemeinschaft der Heiligen), die drei Schlüsselworte: liturgia (gottesdienstliches Feiern), diaconia (Dienst am Mitchristen und Nächsten), martyria (Bezeugen des Glaubens). Und als eine feste Grundordnung für das Leben mit Gott und miteinander steht in der Apostelgeschichte jener Satz: »Sie blieben aber beständig in der Lehre der Apostel, in der Gemeinschaft, im Brotbrechen und im Gebet.« (Apg 2, 42)

Mit beiden kurzen Formeln wird klar zum Ausdruck gebracht, daß die Liturgie, also das Beten der Kirche und einer Gemeinschaft, unlöslich verbunden ist mit deren Dienst aneinander und miteinander wie mit dem Zeugnis des Lebens und des Wortes. Der Stromkreis der Liebe von Gott zum Bruder und hinein in die Welt und wieder zurück erfaßt und durchdringt unser ganzes Sein und Werden.

Aus diesem gemeinsamen Leben in Jesusliebe, Bruderliebe, Nächstenliebe ist Euer Gebetbuch erwachsen, hinein in immer größere Weite. Ihr habt es nicht begonnen als etwas gänzlich Neues. Ihr habt bewußt das Gebet der Kirche aller Zeiten aufgenommen und aus dem sogenannten Stundengebet geschöpft. Das aber ist Gebet vor allem aus dem ältesten Gebetbuch des Volkes Gottes, dem Psalter. So beten also verborgen die Beter vieler Zeiten mit Euch und Ihr mit ihnen – im Himmel und auf Erden. Welch ein umfassendes, wahrhaft 'katholisches' (d. h. allumfassendes) Geschehen!

Und doch ist es *Euer* Gebetbuch, weil es zugleich herausgewachsen ist und geformt wurde innerhalb Eurer engeren Lebensgemeinschaft und deren Alltag. Von daher ist auch Euer 'Heute' eingeströmt in Liedern und Anliegen und Aussagen, ja es strömt Tag um Tag mit ein bei den Meditationen, Fürbitten und Danksagungen.

Sicher ist dieses Verbinden von Tradition und Neugestaltung immer ein Wagnis, das manche kritisch beobachten werden. Aber sollte dies nicht gewagt werden, gerade in einer Gemeinschaft, die durch ihr Stehen im Alltag und ihr Dienen mitten in der Welt und durch ihr Verbundensein mit anderen kirchlichen und kommunitären Bereichen selbstkritisch genug ist, gerade auch ihrem Beten gegenüber?

Es wird mit Recht gesagt, das Gebet sei das Atemholen der Seele. Aber ebenso muß gesagt werden, das Beten ist das Atemholen der Gemeinschaft, auf daß der Geist Gottes in ihr atme und sie durchatme: reinigend, heilend, vereinend. Nur so kann die Jesus-*Bruderschaft* immer neu *Jesus*-Bruderschaft bleiben und werden. Nur so kann die Diakonie des Alltags, das Miteinander und Füreinander echt und wahr geschehen, indem jeder und alle den Dienst Christi empfangen durch Sein Wort und das Sakrament Seines Mahles: Leib und Blut. Und nur so bleibt das Beten echt und wahr, wird Sein Leben nicht umsonst empfangen, wenn es in den harten Alltag des gemeinsamen Lebens einmündet und fruchtbar wird zum Zeugnis für Ihn und die Gegenwart Seines Reiches.

Eure Berufung mit allen, die Er ersehen hat, ist dieses Jünger- und Bruder-Jesu-Sein – als Priester und Diakon vor Gott und in der Welt zu leben. Orate fratres – betet, Brüder – Schwestern! Das Vaterhaus ist erschlossen, der Hohepriester Jesus betet selbst, der Heilige Geist hilft aller eigenen Armut auf, die Heiligen beten mit. So seid auch Ihr betende Kirche mit Eurer vielfältigen und doch einen Stimme inmitten der 'una sancta catholica et apostolica ecclesia', der 'Einen heiligen alle und alles umfassenden und apostolischen Kirche'.[1]

Klaus Heß, Vorsteher der Geschwister vom gemeinsamen Leben (v.g.L.)

[1] aus dem Nizänischen Glaubensbekenntnis

TEIL I

GOTTESDIENSTE UND GEBETE

I. GOTTESDIENSTE UND GEBETE

EINFÜHRUNG

Tageszeitgebete

Mehrmals am Tag unterbrechen wir unsere Arbeit, um zu beten. Weil diese Gebete immer zur gleichen Stunde stattfinden, heißen sie auch 'Tageszeitgebete' oder 'Stundengebete'. Sie ordnen den Tag, sie teilen ihn durch ihren Rhythmus in Abschnitte ein. Gewissermaßen stören sie den Ablauf unserer alltäglichen Aufgaben und erinnern uns an das, was jetzt eigentlich das Wichtigste ist. 'Herr, da bin ich!' – ist die immer neue Antwort auf seinen Ruf. Wir folgen der Einladung, eine kurze Zeit bei ihm zu verweilen. Wir dürfen vor ihm aufatmen, hören, seine Anliegen mittragen, um dann neu ausgerichtet in den nächsten Abschnitt des Tages zu gehen.

Wenn das Stundengebet auch ein immer wiederkehrendes Gleichmaß in Ablauf und Inhalt des Gebets mit sich bringt, so kann der innere Aufbau doch ganz unterschiedlich sein: Lied, Psalm, betendes Bewegen eines biblischen Textes, gemeinsam gesprochenes, freies oder stilles Gebet wechseln einander ab.

Die Tageszeitgebete sind nicht eine Erfindung der Kommunitäten und Gemeinschaften. Eigentlich sind sie uralt. Für Jesus und seine Jünger gehörten Liturgie und Tageszeitgebete zum selbstverständlichen geistlichen Erfahrungsschatz, in dem sie groß geworden sind. Auch nach Pfingsten sehen wir die Jünger an der schönen Gewohnheit festhalten (vgl. Apg 2, 15; 3, 1; 10, die sich auf die 3., 6. und 9. Stunde beziehen; Apg 2, 42). Seitdem hat sich diese Weise, an bestimmten Zeiten zu beten, durch viele Jahrhunderte bewährt, und man findet solche Ordnungen in unterschiedlicher Gestalt: Menschen, die im gleichen Haus oder in der Nähe wohnen, halten morgens und abends miteinander 'Stille Zeit'. Eheleute und Gemeinschaften, die auch ihren Arbeitstag miteinander teilen, sparen sich Zeiten aus, wo sie zu einem kurzen Gebet, vielleicht in Verbindung mit einer Lesung zusammenkommen. Oder einzelne treffen sich, so wie es der Berufsalltag erlaubt, um vor Gott zu stehen – vereint mit denen, die um diese Zeit hin und her im Land beten. Tageszeitgebete sind eine gute Gewohnheit, die unserem Beten und Leben Stütze und Halt geben.

Die besondere Gabe des liturgischen Betens

Gottesdienste oder Tageszeitgebete finden ja nicht nur regelmäßig zur selben Zeit statt, sondern haben auch einen mehr oder weniger vorgegebenen Aufbau. Dabei bedeutet 'Liturgie' so viel wie 'Ablauf des Gottesdienstes' – 'das gesamte gottesdienstliche Feiern' – ganz gleich, ob darin viel oder wenig vorgegeben ist. Mit Liturgie im engeren Sinne meint man heute ein vorformuliertes Gebet, das im Wechsel oder gemeinsam gesprochen oder gesungen wird. Wer solches Beten nicht gewöhnt ist, stellt mitunter die Frage, ob hier nicht Worte tot und mechanisch ablaufen, während das freie Gebet doch Ausdruck eines aufrichtigen Herzens und somit im eigentlichen Sinne 'echt' sei. Dieselbe Frage aber stellt sich auch, wenn eine Gemeinschaft längere Zeit 'frei' betet und plötzlich feststellt, daß die gleichen Anliegen und dieselben Formulierungen immer wieder auftauchen und sich so unmerklich ein Stück 'organisch gewachsener Liturgie' herauskristallisiert.

Wie lebendig unser Beten ist, hängt sicher nicht von der Wahl der Gebetsweise ab, sondern davon, daß unser Herz in Gott ruht. Gerade hier kann uns das formulierte Gebet immer wieder zur Hilfe werden. So ist neben vielen anderen liturgischen Formen bereits im alten Israel der 'Psalter' entstanden, der dann auch von der frühen Kirche aufgenommen und durch Gebete und feierliche Gesänge ergänzt wurde (Eph 5, 19: Kol 3, 16). Solches liturgisches Beten holt uns gleichsam aus unserem 'Einzelzimmer' ab und stellt uns hinein in den großen Raum der Geschichte Gottes mit seinem Volk. Die Psalmen des alten Israel, die zugleich die Gebete Jesu waren, das Vaterunser und die Gebete der Glaubenden durch die Jahrhunderte vereinen uns unsichtbar mit vielen Tausenden von Christen, die den *einen Vater* auf gleiche Weise angesprochen und angebetet haben.

Es sind nun nicht lediglich 'meine' Anliegen, sondern es geht darin um Gott selbst und seine Kirche, – um Anliegen Gottes und seiner Kirche, die ich mit seinem Volk vor ihm aussprechen darf.

So wird gerade dort, wo Menschen aus unterschiedlichen kirchlichen Hintergründen zusammenkommen, das gemeinsame Gebet der Liturgie ein Ausdruck der einen Liebe zu Gott.

Das liturgische Gebet lockt uns auch immer wieder heraus aus der Begrenztheit unseres persönlichen Betens und Empfindens. Wenn ich zum Beispiel einen schweren Tag habe und das 'Danket dem Herrn' in der Liturgie angestimmt wird, werde ich nicht meinen Mund verschließen und auf meine Probleme starren. Ich lasse mich in den Dank mit hineinnehmen, denn Gott sieht mein Herz und ist ja schon dabei, mir Hilfe zu schaffen. Wenn ich zu ihm aufblicke, so hat er schon begonnen, mir die Last abzunehmen. Oder wenn mir andererseits mein Herz fast vor Freude springt, werde ich mich nicht gegen das 'Herr, erbarme dich!' stellen. In der Liturgie wird also mein Herz weit gemacht für alle, die sich freuen und für alle, die weinen und leiden.

Schließlich will die Liturgie auch unsere Sprache vertiefen und heiligen. Die Worte der Gebete und Gesänge sind inhaltsreich und klar. Sie können tief in uns hineindringen und mehr und mehr auch unsere Worte im Alltag aus ihrer Oberflächlichkeit herausholen. So will Gott durch das Gebet aus der Tiefe unseres Herzens heraus auch unsere Lebensbeziehungen durchwirken. Er selber will das gebetete Wort in unserem alltäglichen Leben lebendig werden lassen.

Auch dort, wo die Worte fehlen, kann die Liturgie eine Hilfe sein, um Gott anzubeten – oder auch dann, wenn wir in Krisenzeiten keinen Impuls zu freiem Gebet verspüren. Kein Wunder, daß Jesus am Kreuz in äußerster Not und Bedrängnis – Psalmworte betete, die aus der Liturgie Israels in ihm lebten.

Die Gefahr der Gewöhnung überwinden

Wie gut, daß der Heilige Geist unseren Sinn immer wieder auf das Handeln Gottes lenkt! Denn wir selber haben unser Beten nie im Griff. Wir können Gott im freien Gebet bestürmen, ohne ihm zu begegnen – wir können ihn im liturgischen Gebet anbeten und zugleich mit dem Herzen woanders sein. Welche Gebetsform wir auch wählen mögen – unser Gebet ist ständig in Gefahr. Diese Verbindung mit Gott will der alte Widersacher Gottes immer wieder unterbrechen – durch tausend kleine Wichtigkeiten oder durch Schwankungen in unserem Gefühlsbereich: wie oft werden wir lustlos, unser Gebet stockt oder es wird oberflächlich.

Das sollte uns nicht zu sehr beeindrucken oder gar bedrücken. Gott nimmt uns an – auch mit den Schwankungen unseres Herzens und unserer Konzentration. Wichtig ist zunächst einmal, daß wir beten. Dabei liegt der Engpaß gar nicht in der Frage, ob ich Zeit zum Gebet habe, sondern ob ich sie mir nehme. Natürlich habe ich nicht immer Lust zum Gebet. Aber auch dann esse und schlafe ich, wenn ich keine Lust dazu habe; so will mir auch das Beten zur lieben Gewohnheit werden. Deshalb gilt es, an den winzigen Momenten der Entscheidung, ob ich bete oder etwas anderes tue, wachsam zu sein. Gerade hier wollen uns die Stundengebete eine Stütze geben.

Das Stundengebet und seine liturgischen Formen sind Angebote. Eigentlich sind es Gefäße, die gefüllt werden dürfen. Wenn die Glocke (wie immer meine 'Glocke' auch aussehen mag) zum Gebet ruft, dann wollen wir empfangsbereit sein. Selbst wenn wir uns verloren haben an das Vielerlei des Tages, wollen wir uns aufmachen zu Gott hin. In den Minuten des Schweigens vor dem Beginn des gemeinsamen Gebets dürfen wir all das, was uns bewegt, unters Kreuz legen.

Der große Gott lädt uns ein! Das ist der Ausgangspunkt und die Freude jeder Gebetszeit. Hier müssen wir nichts produzieren. Wir dürfen uns fallen lassen in die Zusage Gottes, daß er uns nahe ist. Er schenkt seinen Geist, der uns mehr und mehr dahin bringt, von Herzen zu beten. Er macht uns durch Reue und Vergebung, Reinigung und sorgfältige Erziehung zu Männern und Frauen, die immer mehr bei Gott zu Hause sind.

Ist es nicht ein ganz besonderes Geschenk, daß wir – in kindlicher Freude und herzlicher Ehrfurcht – vereint mit vielen Betern auf der ganzen Welt, immer wieder vor Gottes Thron treten dürfen, um dem Herrn, der uns liebt, die Ehre zu geben?

Morgenlob

»Mit meinem Geist suche ich dich am Morgen.« *Jes 26, 9*

»Mein Herz ist bereit, Gott, mein Herz ist bereit, daß ich singe und lobe.« *Ps 57,8*

»Wach auf, meine Seele, wach auf, Psalter und Harfe, ich will das Morgenrot wecken!« *Ps 57, 9*

Ist es nicht ein herrlicher Gott, der an mir Interesse hat! Darum soll ihm auch die erste Stunde des Tages gehören. Noch bin ich müde und schwer. Ehe ich so recht zu mir komme, höre ich seine Worte: »Siehe, ich stehe vor der Tür und klopfe an. Wenn jemand meine Stimme hört und die Tür auftut, werde ich zu ihm hineingehen« (Offb 3,20). Wie ganz anders verläuft der Tag, der von Gottes Wort geprägt ist. Ich muß mich nicht um meine Aufgaben und Probleme drehen, sondern darf mein Leben aus seinen Weisungen verstehen; ich darf die Wahrheit aufnehmen, die allein aus Gottes Mund kommt. Jeden Morgen neu möchte ich mich von ihm prägen lassen, indem ich tief in die Botschaft Christi eindringe, ihren Sinn zu erfassen suche und mehr und mehr darin wohne.

Die Antwort auf das in der Stille Empfangene ist das Gebet, der Lobgesang. Es kommt nicht darauf an, lange oder wohlgeformt zu beten. Gerade das schlichte und einfache Gebet ist oft echt und wesentlich. Dieses Gebet ist vor Gott sehr kostbar, weil es aus der Ergriffenheit des Herzens kommt. Es ist ein Zwiegespräch der Liebe zwischen dem lebendigen Gott und seinen Menschen.

MORGENLOB

E Unsere Hilfe steht im Namen des Herrn,

A der Himmel und Erde gemacht hat.

Psalm(en) oder Lied(er)

Freies Gebet

Wort für den Tag mit kurzer Auslegung oder Stille

Bitten für konkrete Anliegen des Tages

Lied

E *) Im Brief an die Kolosser ermahnt uns der Apostel:
»Alles was ihr tut, das tut von Herzen als dem Herrn und nicht den Menschen, weil ihr wißt, daß ihr vom Herrn zum Lohn das Erbe empfangen werdet. Dem Herrn Christus dienet!«

A Dazu helfe uns Gott. Amen.

*) *oder:* Wir stellen uns unter ein Wort aus der Bergpredigt für diesen Tag (s. Seite 115).

E Jesus Christus spricht zu seinen Jüngern:
»Geht hin, siehe, ich sende euch wie Lämmer mitten unter die Wölfe.«

A

Segen

A Und wohin wir gehen, dahin kommt nun auch der Herr.

Gottesdienst ohne Mahlfeier an Werktagen

GOTTESDIENST ohne Mahlfeier an Werktagen

E Im Namen Gottes des Vaters, des Sohnes und des Heiligen Geistes.

A Amen.

Lied

Bußgebet

(Für die Advents- und Passionszeit sowie am Bußtag s. Seite 53)

E Weil wir hier versammelt sind, um miteinander Gottes Wort zu hören und ihn in Gebet und Loblied anzurufen, wollen wir uns vor Gott beugen und bekennen:

A Allmächtiger Gott, lieber himmlischer Vater,
wir haben gesündigt gegen dich und unsere Mitmenschen
in Gedanken, Worten und Taten,
im Bösen, das wir getan,
und im Guten, das wir unterlassen haben,
durch Unwissenheit, Schwachheit und bewußte Schuld.
Es tut uns ernstlich leid, und wir bereuen unsere Sünden.
Um deines Sohnes Jesus Christus willen, der für uns starb, bitten wir dich:
Vergib uns alle unsere Schuld
und gewähre uns,
daß wir dir dienen in einem erneuerten Leben
zum Ruhm deines Namens. Amen.

Kyrie:

E/A

E/A

E Der allmächtige Gott erbarme sich unser,
er befreie uns von all' unseren Sünden,
er stärke uns zu allem Guten und bewahre uns zum ewigen Leben
durch Jesus Christus, unseren Herrn.

A Amen.

Wortgottesdienst

Wochenspruch oder Losung und Lehrtext

Tagestext

Stille – Austausch – Gebet

(Die vier Fragen nach Luther als Hilfe):
1. Wofür habe ich zu danken?
2. Was muß ich bekennen?
3. Worum darf ich bitten?
4. Was habe ich zu tun?

Psalm der Woche oder Lied (s. Seite 132 ff)

Sendung

E *) Im Brief an die Kolosser ermahnt uns der Apostel:
»Alles was ihr tut, das tut von Herzen als dem Herrn und nicht den Menschen, weil ihr wißt, daß ihr vom Herrn zum Lohn das Erbe empfangen werdet. Dem Herrn Christus dienet!«

A Dazu helfe uns Gott. Amen.

*) *oder:* Wir stellen uns unter ein Wort aus der Bergpredigt für diesen Tag (s. Seite 115).

E Jesus Christus spricht zu seinen Jüngern:
»Geht hin, siehe, ich sende euch wie Lämmer mitten unter die Wölfe.«

Segen

A Und wohin wir gehen, dahin kommt nun auch der Herr.

Gottesdienst mit Mahlfeier an Werktagen

MAHLFEIER

»Dies tut zu meinem Gedächtnis!« Luk 22, 19

Welch ein Abgrund der Liebe! Es genügte Gott nicht, uns nach seinem Bilde zu erschaffen. Er will sich uns selbst zur Speise geben. Aus Liebe zu seinem Geschöpf schenkt er sich ganz und gar. Die göttliche Liebe kommt uns in Brot und Wein sehr nahe. In ihr sind wir auch miteinander verbunden.

So ist das Herrenmahl auch das Mahl der Einheit. Es vereint uns alle in Jesus. Ob es eine tiefere Einheit unter uns Brüdern und Schwestern gibt? Gemeinsam stehen wir um den Altar als die Armen, die Jesus mit sich selbst beschenkt.

»Der Kelch der Danksagung, über dem wir Dank sagen, ist er nicht Gemeinschaft mit dem Blute Christi? Das Brot, das wir brechen, ist es nicht Gemeinschaft mit dem Leibe Christi? Weil es *ein* Brot ist, so sind wir, die vielen, *ein* Leib, denn wir sind alle des *einen* Brotes teilhaftig.« (1 Kor 10, 16 f)

Voraussetzung, um das Mahl zu empfangen, sind die Vergebung der Sünden, das Engagement im Glauben an den einen Herrn und die herzliche Liebe. Frieden und Versöhnung müssen dem Mahl vorausgehen. Wo die Herzen im ganzen Lebensvollzug zusammenklingen, da hat die Liebe Jesu Raum, da verbinden sich brüderliche Menschen aus verschiedenen Traditionen.

Weil dieser Zustand aber keineswegs erreicht ist, bedeutet die Gegenwart Jesu Christi im Heiligen Mahl zugleich Freude und Schmerz. Das Leiden Jesu nimmt uns mit hinein in sein Opfer, das für uns zur Quelle der eigenen Hingabe wird. Die Freude aber kommt aus Jesu Auferstehungssieg. Bei der Mahlfeier werden wir auf den Boden des ewigen Lebens gestellt; wir bekommen darin schon zu schmecken, was uns im himmlischen Mahl bei der Hochzeit des Lammes erst noch erwartet (Offb 19, 6 – 9; Lk 22, 15 – 20).

GOTTESDIENST mit Mahlfeier an Werktagen

Lied

E Im Namen Gottes des Vaters, des Sohnes und des Heiligen Geistes.

A Amen.

Bußgebet

(Für die Advents- und Passionszeit sowie am Bußtag s. Seite 53)

E Weil wir hier versammelt sind, um miteinander Gottes Wort zu hören, ihn in Gebet und Loblied anzurufen und Leib und Blut Christi im Mahl zu empfangen, wollen wir uns vor Gott beugen und bekennen:

A Allmächtiger Gott, lieber himmlischer Vater,
wir haben gesündigt gegen dich und unsere Mitmenschen
in Gedanken, Worten und Taten,
im Bösen, das wir getan,
und im Guten, das wir unterlassen haben,
durch Unwissenheit, Schwachheit und bewußte Schuld.
Es tut uns ernstlich leid, und wir bereuen unsere Sünden.
Um deines Sohnes Jesus Christus willen, der für uns starb, bitten wir dich:
Vergib uns alle unsere Schuld
und gewähre uns,
daß wir dir dienen in einem erneuerten Leben
zum Ruhm deines Namens. Amen.

Kyrie:

E Der allmächtige Gott erbarme sich unser,
er befreie uns von all' unseren Sünden,
er stärke uns zu allem Guten und bewahre uns zum ewigen Leben
durch Jesus Christus, unseren Herrn.

A Amen.

Wortgottesdienst

Wochenspruch oder Losung und Lehrtext

Tagestext (kurze Stille bzw. Kurzauslegung)

Psalm der Woche (s. Seite 132 ff)

Mahlfeier

E Gott aber sei Dank,

A der uns in Christus allezeit triumphieren läßt. Er ist es, der in unseren Herzen aufstrahlen läßt die Herrlichkeit des Herrn, in dessen Bild wir verwandelt werden durch seinen Geist.

A Amen.

E Das Brot, das wir brechen, ist die Gemeinschaft des Leibes unseres Herrn Jesus Christus. Der Kelch, den wir segnen, ist die Gemeinschaft des Blutes unseres Herrn Jesus Christus.

Lieber himmlischer Vater, wie dieses Brot und dieser Wein aus vielen Körnern und Trauben – von den Feldern und Bergen gesammelt – eins wurden, so wirst du deine Gemeinde von den Enden der Erde zusammenbringen zu einem Reich.

A Denn dein ist die Kraft und die Herrlichkeit durch Jesus Christus in Ewigkeit. Amen.

E Lieber himmlischer Vater, im Namen Jesu rufen wir dich an und bitten dich: Sende deinen Heiligen Geist gnädig herab auf uns und auf diese Gaben und gib uns in ihnen Anteil an der Gemeinschaft mit dem Leib und dem Blut deines Sohnes, unseres Herrn Jesus Christus.

A Amen.

E Unser Herr Jesus Christus nahm in der Nacht, in der er ausgeliefert wurde, Brot, sprach das Dankgebet darüber, brach es, reichte es seinen Jüngern und sagte:
»Nehmt und eßt: Das ist mein Leib, der für euch hingegeben wird. Tut dies zu meinem Gedächtnis.«
Ebenso nahm er nach dem Mahl den Kelch, sprach das Dankgebet, reichte ihn seinen Jüngern und sagte:
»Nehmt und trinkt alle daraus: Dieser Kelch ist der Neue Bund in meinem Blut, das für euch und für viele vergossen wird zur Vergebung der Sünden. Tut dies, sooft ihr daraus trinkt, zu meinem Gedächtnis.«

A Vater unser im Himmel, geheiligt werde dein Name.
Dein Reich komme. Dein Wille geschehe wie im Himmel, so auf Erden.
Unser tägliches Brot gib uns heute.
Und vergib uns unsere Schuld, wie auch wir vergeben unsern Schuldigern.
Und führe uns nicht in Versuchung, sondern erlöse uns von dem Bösen.
Denn dein ist das Reich und die Kraft und die Herrlichkeit in Ewigkeit. Amen.

E Gottes Friede will in die Welt. Wir wollen ihn empfangen und einander weitergeben.
Vom Altar ausgehend wird der Friedensgruß empfangen und weitergegeben mit den Worten:
»Gottes Friede sei mit dir« – »und auch mit dir«.

A

bie - te ich euch, daß ihr ein - an - der lie - bet, gleich - wie ich
euch ge - liebt, spricht der Herr. Frie - den hin - ter - laß' ich euch,
mei - nen Frie - den geb' ich euch; nicht wie die Welt gibt,
ge - be ich euch. Herr - lich - keit dem Va - ter und dem Soh - ne

und dem Hei - li - gen Gei - ste, wie im An - fan - ge, so jetzt
und im - mer - dar, und in die E - wig - kei - ten der E - wig - kei - ten, A - men.
Sopran + Tenor
Alt + Baß
Tenor + Sopran
Frie - den hin - ter - laß' ich euch, mei - nen Frie - den geb' ich euch;
Baß
nicht wie die Welt gibt, ge - be ich euch.

E Wer an Jesus Christus glaubt, ihn liebt, ihm gehorchen will
und auf den Namen des Dreieinigen Gottes getauft ist,
ist jetzt eingeladen, das Mahl des Herrn zu empfangen.

Schmeckt und seht, wie freundlich der Herr ist;
wohl dem, der ihm vertraut!

Austeilung des Mahls

Stille Anbetung, Psalm oder Lied

E/A

E Wir danken dir, Herr unser Gott, daß du uns durch diese Gaben gestärkt hast, und bitten dich:
Laß uns dadurch wachsen im Glauben an dich und in herzlicher Liebe untereinander.

A Amen.

Sendung

E *) Im Brief an die Kolosser ermahnt uns der Apostel:
»Alles, was ihr tut, das tut von Herzen als dem Herrn und nicht den Menschen, weil ihr wißt, daß ihr vom Herrn zum Lohn das Erbe empfangen werdet. Dem Herrn Christus dienet!«

A Dazu helfe uns Gott. Amen.

*) *oder:* Wir stellen uns unter ein Wort aus der Bergpredigt für diesen Tag (s. Seite 115).

E Jesus Christus spricht zu seinen Jüngern:
»Geht hin, siehe, ich sende euch wie Lämmer mitten unter die Wölfe.«

A

Segen

A Und wohin wir gehen, dahin kommt nun auch der Herr.

Gottesdienst an Sonn- und Feiertagen

MAHLFEIER

»Dies tut zu meinem Gedächtnis!« *Luk 22, 19*

Welch ein Abgrund der Liebe! Es genügte Gott nicht, uns nach seinem Bilde zu erschaffen. Er will sich uns selbst zur Speise geben. Aus Liebe zu seinem Geschöpf schenkt er sich ganz und gar. Die göttliche Liebe kommt uns in Brot und Wein sehr nahe. In ihr sind wir auch miteinander verbunden.

So ist das Herrenmahl auch das Mahl der Einheit. Es vereint uns alle in Jesus. Ob es eine tiefere Einheit unter uns Brüdern und Schwestern gibt? Gemeinsam stehen wir um den Altar als die Armen, die Jesus mit sich selbst beschenkt.

»Der Kelch der Danksagung, über dem wir Dank sagen, ist er nicht Gemeinschaft mit dem Blute Christi? Das Brot, das wir brechen, ist es nicht Gemeinschaft mit dem Leibe Christi? Weil es *ein* Brot ist, so sind wir, die vielen, *ein* Leib, denn wir sind alle des *einen* Brotes teilhaftig.« (1 Kor 10, 16 f)

Voraussetzung, um das Mahl zu empfangen, sind die Vergebung der Sünden, das Engagement im Glauben an den einen Herrn und die herzliche Liebe. Frieden und Versöhnung müssen dem Mahl vorausgehen. Wo die Herzen im ganzen Lebensvollzug zusammenklingen, da hat die Liebe Jesu Raum, da verbinden sich brüderliche Menschen aus verschiedenen Traditionen.

Weil dieser Zustand aber keineswegs erreicht ist, bedeutet die Gegenwart Jesu Christi im Heiligen Mahl zugleich Freude und Schmerz. Das Leiden Jesu nimmt uns mit hinein in sein Opfer, das für uns zur Quelle der eigenen Hingabe wird. Die Freude aber kommt aus Jesu Auferstehungssieg. Bei der Mahlfeier werden wir auf den Boden des ewigen Lebens gestellt; wir bekommen darin schon zu schmecken, was uns im himmlischen Mahl bei der Hochzeit des Lammes erst noch erwartet (Offb 19, 6 – 9; Lk 22, 15 – 20).

GOTTESDIENST an Sonn- und Feiertagen

Lied

E Im Namen Gottes des Vaters, des Sohnes und des Heiligen Geistes.

A Amen.

Bußgebet

E Weil wir hier versammelt sind, um miteinander Gottes Wort zu hören, ihn in Gebet und Loblied anzurufen und Leib und Blut Christi im Mahl zu empfangen, wollen wir uns vor Gott beugen und bekennen:

A Allmächtiger Gott, lieber himmlischer Vater,
wir haben gesündigt gegen dich und unsere Mitmenschen
in Gedanken, Worten und Taten,
im Bösen, das wir getan,
und im Guten, das wir unterlassen haben,
durch Unwissenheit, Schwachheit und bewußte Schuld.
Es tut uns ernstlich leid, und wir bereuen unsere Sünden.
Um deines Sohnes Jesus Christus willen, der für uns starb, bitten wir dich:
Vergib uns alle unsere Schuld
und gewähre uns,
daß wir dir dienen in einem erneuerten Leben
zum Ruhm deines Namens. Amen.

Kyrie:

E Der allmächtige Gott erbarme sich unser,
er befreie uns von all' unseren Sünden,
er stärke uns zu allem Guten und bewahre uns zum ewigen Leben
durch Jesus Christus, unseren Herrn.

A Amen.

Wortgottesdienst

Wochenspruch oder Losung und Lehrtext

Psalm der Woche (s. Seite 132 ff)

1. Lesung

Seligpreisungen:

I Selig sind, die sanften Mutes,
denn der Erde Reich fällt ihnen zu.

II Selig, die hungert und dürstet
nach Gerechtigkeit, sie werden satt.

I Selig sind alle Barmherzigen,
denn auch ihnen wird Barmherzigkeit.

II Selig sind, die reinen Herzens,
denn sie werden Gottes Antlitz schau'n.

I Selig sind, die Frieden stiften,
Kinder Gottes wird ihr Name sein.

II Selig, die Verfolgung leiden
um Gerechtigkeit, das Reich ist ihr'.

I Selig ihr, wenn man euch schmähet,
fälschlich Böses spricht um meinetwillen.

II Da freut euch über alle Maßen:
In den Himmeln wartet großer Lohn auf euch.

I Gedenk an uns, o Herr,
wenn du bist in deinem Reich!

2. Lesung und Predigt

Lied oder Glaubensbekenntnis

Fürbitte

E Wir wollen Gott, unseren himmlischen Vater, anrufen und ihn um seine Gnade bitten:

Gebetsanliegen
(nach jedem Fürbitteanliegen zweimal gesungen):

E/A

E Herr, gib deinen Frieden allen, für die wir gebetet haben.
Zeige ihnen dein Erbarmen und laß sie Jesus Christus und
die Kraft seiner Auferstehung erkennen.
Das bitten wir in seinem Namen.

A Amen.

Mahlfeier

E Das Brot, das wir brechen, ist die Gemeinschaft des Leibes unseres Herrn Jesus Christus. Der Kelch, den wir segnen, ist die Gemeinschaft des Blutes unseres Herrn Jesus Christus.

Lieber himmlischer Vater, wie dieses Brot und dieser Wein aus vielen Körnern und Trauben – von den Feldern und Bergen gesammelt – eins wurden, so wirst du deine Gemeinde von den Enden der Erde zusammenbringen zu einem Reich.

A Denn dein ist die Kraft und die Herrlichkeit durch Jesus Christus in Ewigkeit. Amen.

E Darum preisen wir dich, den Vater, den Sohn und den Heiligen Geist, und stimmen ein in den Jubel aller Engel und rufen dir zu:

A

E Lieber himmlischer Vater, im Namen Jesu rufen wir dich an und bitten dich: Sende deinen Heiligen Geist gnädig herab auf uns und auf diese Gaben und gib uns in ihnen Anteil an der Gemeinschaft mit dem Leib und dem Blut deines Sohnes, unseres Herrn Jesus Christus.

A Amen.

E Unser Herr Jesus Christus nahm in der Nacht, in der er ausgeliefert wurde, Brot, sprach das Dankgebet darüber, brach es, reichte es seinen Jüngern und sagte:
»Nehmt und eßt: Das ist mein Leib, der für euch hingegeben wird. Tut dies zu meinem Gedächtnis.«
Ebenso nahm er nach dem Mahl den Kelch, sprach das Dankgebet, reichte ihn seinen Jüngern und sagte:
»Nehmt und trinkt alle daraus: Dieser Kelch ist der Neue Bund in meinem Blut, das für euch und für viele vergossen wird zur Vergebung der Sünden. Tut dies, sooft ihr daraus trinkt, zu meinem Gedächtnis.«

E

A
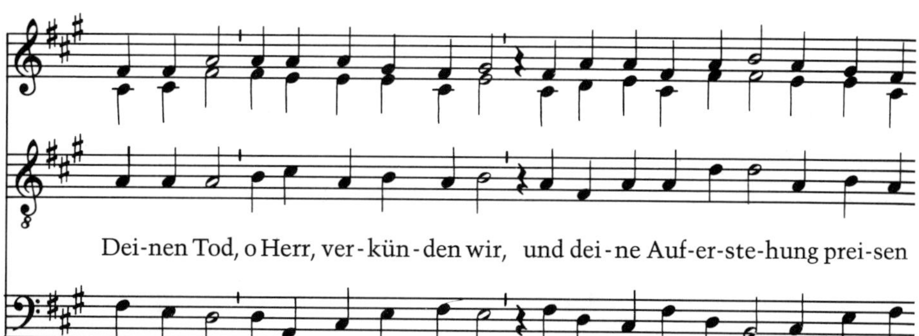

E Darum gedenken wir, lieber himmlischer Vater, des heilbringenden Leidens und Sterbens deines Sohnes Jesus Christus, seiner siegreichen Auferstehung und seiner Wiederkunft in Herrlichkeit. Blicke hin auf das vollgültige Opfer, das dein lieber Sohn, unser Herr Jesus Christus, einmal für alle Zeit am Kreuz vollbracht hat für die Sünden der ganzen Welt. Nimm uns mit hinein in seinen Tod und in seinen Sieg und laß uns eins werden durch den Heiligen Geist. Amen.

A Vater unser im Himmel, geheiligt werde dein Name.
Dein Reich komme. Dein Wille geschehe wie im Himmel, so auf Erden.
Unser tägliches Brot gib uns heute.
Und vergib uns unsere Schuld, wie auch wir vergeben unsern Schuldigern.
Und führe uns nicht in Versuchung, sondern erlöse uns von dem Bösen.
Denn dein ist das Reich und die Kraft und die Herrlichkeit in Ewigkeit. Amen.

E Gottes Friede will in die Welt. Wir wollen ihn empfangen und einander weitergeben.
Vom Altar ausgehend wird der Friedensgruß empfangen und weitergegeben mit den Worten:
»Gottes Friede sei mit dir« – »und auch mit dir«.

A

wie die Welt gibt, ge-be ich euch. Ein neu' Ge - bot ge -
bie - te ich euch, daß ihr ein - an - der lie - bet, gleich - wie ich
euch ge-liebt, spricht der Herr. Frie - den hin - ter - laß' ich euch,
mei-nen Frie - den geb' ich euch; nicht wie die Welt gibt,

ge - be ich euch. Herr-lich-keit dem Va - ter und dem Soh-ne
und dem Hei - li-gen Gei-ste, wie im An-fan-ge, so jetzt
und im-mer-dar, und in die E-wig-kei-ten der E-wig-kei-ten, A-men.
Sopran + Tenor
Alt + Baß
Tenor + Sopran
Frie - den hin - ter - laß' ich euch, mei-nen Frie - den geb' ich euch;
Baß

E Wer an Jesus Christus glaubt, ihn liebt, ihm gehorchen will
und auf den Namen des Dreieinigen Gottes getauft ist,
ist jetzt eingeladen, das Mahl des Herrn zu empfangen.

Schmeckt und seht, wie freundlich der Herr ist;
wohl dem, der ihm vertraut!

Austeilung des Mahls

Stille Anbetung

Anbetung mit Liedern, Psalmen, Gebeten

Abschluß des Anbetungsteils:

E Herr Jesus Christus, du Sohn des lebendigen Gottes,
du bist in unserer Mitte als König und Herr, als Meister und Friedefürst.
Wir preisen deine Liebe, die in uns ihr Werk vollbringt.

A Unsere Ohren, die dein Wort hörten,
sollen fortan für die Stimme des Streites und des Unfriedens verschlossen sein.
Unsere Augen, die deine Liebe gesehen haben,
sollen ein Spiegel deiner Reinheit sein.
Unsere Zungen, die dein Lob gesungen haben,
sollen fortan die Wahrheit bezeugen.
Unsere Hände und Füße sollen dir vollständig zur Verfügung sein,
daß sie segnen
und deinen Frieden in die Welt tragen.
Unser ganzes Leben
mit Geist, Seele und Leib
soll in der Liebeseinheit mit dir
ein Lobopfer deiner Liebe sein.
Ehre sei dir, Herr Jesus. Amen.

E Der Friede Gottes sei allezeit mit uns

A und mit allen unseren abwesenden Brüdern und Schwestern.

E Herr Jesus Christus, wir bitten für alle deine Nachfolger:

Schlußansagen

Segen

A Und wohin wir gehen, dahin kommt nun auch der Herr.

BUSSGEBET für die Advents- und Passionszeit und den Bußtag:

E Weil wir hier versammelt sind, um miteinander Gottes Wort zu hören, ihn im Gebet und Loblied anzurufen und Leib und Blut Christi im Mahl zu empfangen, wollen wir uns reinigen von allen Befleckungen unseres Lebens.

E *Lesung:*
Wenn wir sagen, daß wir Gemeinschaft mit ihm haben und dabei doch in der Finsternis wandeln, lügen wir und tun nicht die Wahrheit. Wenn wir aber im Lichte wandeln, wie er im Lichte ist, haben wir Gemeinschaft miteinander, und das Blut Jesu, seines Sohnes, reinigt uns von aller Sünde. Wenn wir sagen, daß wir keine Sünde haben, führen wir uns selbst irre, und die Wahrheit ist nicht in uns. Wenn wir unsere Sünden bekennen, ist er treu und gerecht, so daß er uns die Sünden vergibt und uns von aller Ungerechtigkeit reinigt. *1 Joh 1, 6–9*

A Amen.

Kurze Stille

E Wir wollen uns vor Gott beugen und ihn um seine Gnade bitten:

A Allmächtiger gnädiger Gott,
wir bekennen vor deinem heiligen Angesicht,
daß wir sündigten.
Wir alle gingen in die Irre wie Schafe, die keine Führung haben.
Jeder ging seinen eigenen Weg.
Anstatt deiner Weisung zu folgen und auf dein Wort zu hören,
folgten wir den Wünschen unseres Herzens und den Überlegungen unseres Verstandes.
So wurden wir ungehorsam und liebten uns mehr als dich.
In uns ist keine Kraft;
wir sind nicht würdig,
deine Kinder genannt zu werden.
Aber wir wissen, lieber Vater,
daß du den Tod des Sünders nicht willst, sondern daß er umkehrt und dir lebe.
Darum rufen wir dich an im Vertrauen auf unseren Mittler Jesus Christus,
der die Sünde der Welt weggenommen hat:
Reinige und stärke uns durch die Kraft des Heiligen Geistes,
damit wir von nun an als deine Kinder in Liebe leben
und in dieser gegenwärtigen Welt
dich, himmlischer Vater, verherrlichen. Amen.

Kyrie:

E Der allmächtige Gott erbarme sich unser,
er befreie uns von all' unseren Sünden,
er stärke uns zu allem Guten und bewahre uns zum ewigen Leben
durch Jesus Christus, unseren Herrn.

A Amen.

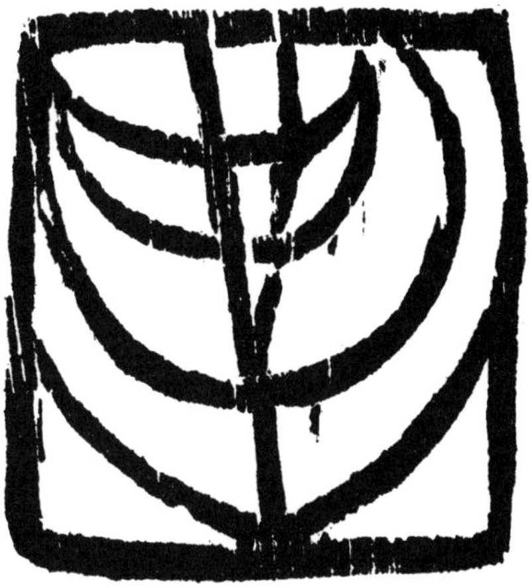

Morgengebet

»Hört, unser Gott braucht viele Hände, daß er die Not dieser Welt wende!
Ja, unser Gott braucht meine Hände; ich bin bereit, daß er mich sende.«

Bevor uns die Geschäfte des Tages ganz in Anspruch nehmen, wollen wir uns Gott erneut ausliefern. Woher nehmen wir die innere Kraft für diesen Tag, wenn nicht von Gott? Wer beschenkt uns mit Liebe zu anderen Menschen, zur Arbeit, wenn nicht Gott durch seinen guten Heiligen Geist! Er ist uns Beistand, Tröster, Fürsprecher, Geist der Wahrheit und der Versöhnung, der die Verbindung zu Jesus und zu den Brüdern und Schwestern schafft. Ohne ihn sind wir ohne Orientierung, ohne Leitung und Hoffnung für uns selbst und für die Menschen, mit denen wir leben. Unsere leeren Hände will er mit seinen guten Gaben füllen, damit wir weiterschenken können.

Früh am Morgen fiel der Heilige Geist auf die Apostel, und alle Furcht wich von ihnen. Mit Freimut wurden sie zu Zeugen ihres Herrn. Laßt uns diese Kraft des Glaubens, mit der Gott uns gesegnet hat, erkennen und in Anspruch nehmen! In der Kraft des Heiligen Geistes will Gott die Kleinen und Armen als Bevollmächtigte in diese Welt senden.
Er schenke uns mehr und mehr das Leben aus dem Geist – Leben in Freude und Frucht in Fülle!

MORGENGEBET

E Du Heiliger Geist des lebendigen Gottes,

A durch den Glauben darf ich jetzt dankbar erkennen,
daß du in mir gegenwärtig bist.

In der Tiefe meines Wesens,
tiefer als alle meine Gedanken,
tiefer als meine Gefühle,
tiefer als mein Wille
hast du Wohnung genommen.

Ich preise dich,
ich bete dich an,
ich liebe dich,
ich danke dir,
daß du dich so tief herabgelassen
und meinen Leib zu deiner Herberge gemacht hast,
ja, daß du ihn deinen Tempel nennst.

Vor allem danke ich dir,
daß du mir den Herrn Jesus Christus, meinen Heiland, geoffenbart hast
und mir alle Segnungen seines Sühnetodes zugeeignet hast.

Ich möchte mich nun
für diesen neuen Tag
deinem Vorhaben mit mir
und deiner Führung ganz und gar ausliefern.

Leite mich
und bereite mich auf jegliche Gelegenheit vor,
deine mächtige Kraft zu erfahren.

Lege mir heute mein Kreuz auf,
und gib mir eine besondere Möglichkeit,
meinem Ich abzusagen und abzusterben,
damit Jesus Christus in mir leben kann.

Laß mich ein Kanal der Liebe und der Heilung,
der Kraft und des Segens für jeden werden,
den du mir heute in den Weg stellst
und begegnen läßt.

Das alles, o Heiliger Geist, geschehe,
damit unser liebender Vater im Himmel verherrlicht werde
und heute an mir sein Wohlgefallen habe. Amen.

Mittagsgebet für die
Einheit der Christen

»Bemüht euch, die Einigkeit im Geist zu wahren durch das Band des Friedens: ein *Leib und* ein *Geist, wie ihr auch durch eure Berufung zu* einer *Hoffnung berufen seid;* ein *Herr,* ein *Glaube,* eine *Taufe;* ein *Gott und Vater aller, der über allen, durch alle und in allen ist.« Eph 4, 3–6*

Zum Gebet versammeln wir uns in Gnadenthal um den Altar, der in der Mitte der großen runden Kapelle steht. Von dieser Mitte her empfangen wir am Morgen Brot und Wein, die Zeichen der sich hingebenden Liebe unseres Herrn. Gleichnishaft ist dieses Bild: Je näher wir der Mitte kommen, desto enger sind wir miteinander verbunden; je weiter wir uns entfernen, desto distanzierter werden wir voneinander sein.

Ist es nicht ebenso mit der weltweiten Christenheit, mit den großen Kirchen, den vielen Gemeinschaften, Gemeinden, Gruppen, Kreisen und christlichen Vereinen? Können wir es mit ansehen, daß der Name Jesu unglaubwürdig wird, weil wir – seine Jünger – aneinander vorbeigehen in liebloser Rechthaberei, Neid oder Gleichgültigkeit?

Mitten in der Hetze und im Gefecht des Alltags richten wir uns neu auf Jesus aus, das Haupt seiner Gemeinde. Wir haben jene Mittagsstunden vor Augen, in denen unser Herr Jesus Christus als der Heiland aller Menschen am Kreuz für unseren wahren und ewigen Frieden litt und sühnte. Der gekreuzigte Sohn Gottes wird uns zur Hilfe in der Not der Glaubensspaltungen. Und wenn schon eines Gerechten Gebet viel vermag, wenn es ernstlich ist, wieviel mehr, wenn viele sich zusammentun im Geiste, um den zu ehren, der alle Gewalt im Himmel und auf Erden hat!

Unser Einssein kommt der Welt zugute. Wie dankbar können wir sein, daß wir Glieder sind an seinem Leib! Die Glieder und Gelenke des einen unzertrennlichen Leibes Christi können von ihrer Bestimmung her gar nicht gegeneinander sein. Ein Leib, in dem die Glieder und Organe nicht wirksam und harmonisch zusammenwirken, wird krank und stirbt. Der Leib Christi heute ist krank. Das will Gott nicht. Er will, daß wir alle in einem Geiste feststehen und in Jesus Christus miteinander verbunden sind. Sicher müssen wir heute noch an der Schuld unserer Väter (in der Kirchengeschichte) tragen. Aber wieviel Schuld tragen auch wir heute dazu bei durch unsere Mißgunst, Neid, Mißtrauen und Stolz ... Wir brauchen Vergebung, die ständige Erneuerung unseres Verhältnisses untereinander. Die Einheit kann nicht von Menschen konstruiert, sondern nur durch Gottes Geist gewirkt werden.

Das Gebet um die Einheit ist im Grunde eine Bitte um den Geist Christi. Möge dieser Geist doch alle äußeren Strukturen und Ordnungen durchwirken und erfüllen!

Gemeinsam wollen wir vor den Herrn treten, damit er uns segnen kann als sein Volk. Unsere Zeugniskraft als Christen in dieser Welt ist dort am stärksten, wo die verschiedensten Gruppen in Einheit zusammenwirken. Denn ein Haupthindernis für den Glauben ist die Zerrissenheit der Christenheit. Jesus selbst hat für die Einheit seiner Jünger gebetet (Joh 17), ja er ist auch für die Einheit gestorben (Joh 11, 52), damit die Welt glauben kann.

In unserem Gebet schließen wir uns der Bitte Jesu an. Wir beten es heute mit vielen anderen Christen, mit denen wir in der Liebe zur Wahrheit verbunden sind. Das Ziel unseres Einswerdens ist Jesus Christus selbst. Bei ihm finden wir zusammen. Er ist unser Friede (Eph 2, 14). In ihm haben wir alle in *einem* Geiste den Zugang zum Vater (Eph 2, 18). Darum laßt uns der Liebe und dem Frieden mit denen nachjagen, die den Herrn aus reinem Herzen anrufen (2 Tim 2, 22)! Die Liebe Christi macht uns dann auch bereit, an- und füreinander zu leiden. Sie öffnet uns die Augen für Gottes Leben und Handeln in den anderen Gliedern mit ihren speziellen Begabungen, durch die Gott den ganzen Leib Christi segnen will.

MITTAGSGEBET
für die Einheit der Christen

Montag bis Samstag

A

Montag

A *Lied:*

Herz und Herz vereint zusammen . . .

Kommt, ach kommt, ihr Gnadenkinder, und erneuert euern Bund,
schwöret unserm Überwinder Lieb und Treu aus Herzensgrund;
und wenn eurer Liebeskette Festigkeit und Stärke fehlt,
o so flehet um die Wette, bis sie Jesus wieder stählt.

E *Lesung:*
Der Gott der Standhaftigkeit und des Trostes gebe euch, daß ihr untereinander einträchtig gesinnt seid, so wie es Christus Jesus entspricht, damit ihr einmütig mit *einem* Munde Gott, den Vater unsres Herrn Jesus Christus, lobt. Darum nehmt einander an, wie auch Christus euch angenommen hat, zur Ehre Gottes! *Röm 15, 5 – 7*

Kurze Stille

Dienstag

A *Lied:*

Herz und Herz vereint zusammen . . .

Legt es unter euch, ihr Glieder, auf so treues Lieben an,
daß ein jeder für die Brüder auch das Leben lassen kann.
So hat uns der Freund geliebet, so vergoß er dort sein Blut;
denkt doch, wie es ihn betrübet, wenn ihr euch selbst Eintrag tut.

E *Lesung:*
So ermahne ich euch, ich, der Gefangene im Herrn: Führt euer Leben würdig der Berufung, die an euch ergangen ist, in aller Demut und Sanftmut, mit Geduld. Ertragt einander in Liebe! Seid eifrig bemüht, die Einheit des Geistes durch das Band des Friedens zu bewahren; es ist ja ein Leib und ein Geist, wie ihr auch durch eure Berufung zu *einer* Hoffnung berufen wurdet; es ist *ein* Herr, *ein* Glaube, *eine* Taufe; *ein* Gott und Vater aller, der über allen, durch alle und in allen ist. *Eph 4, 1 – 6*

Kurze Stille

Mittwoch

A *Lied:*

Herz und Herz vereint zusammen . . .

Halleluja, welche Höhen, welche Tiefen reicher Gnad,
daß wir dem ins Herze sehen, der uns so geliebet hat;
daß der Vater aller Geister, der der Wunder Abgrund ist,
daß du, unsichtbarer Meister, uns so spürbar nahe bist!

E *Lesung:*
Wenn es bei euch Ermahnung in Christus gibt, Zuspruch aus Liebe, Gemeinschaft des Geistes, herzliches Mitleid und Erbarmen, so macht meine Freude dadurch vollkommen, daß ihr in einer Gesinnung lebt. Habt die gleiche Liebe, seid einmütig und eines Sinnes! Tut nichts aus Streit oder aus eitler Ehrsucht; sondern in Demut achte einer den andern höherstehend als sich selbst. Jeder sehe nicht nur auf seine eigenen Anliegen, sondern auch auf die der andern. Habt diese Gesinnung in euch, die auch in Christus Jesus war. *Phil 2, 1 – 5*

Kurze Stille

Donnerstag

A *Lied:*

Herz und Herz vereint zusammen . . .

Ach du holder Freund, vereine deine dir geweihte Schar,
daß sie es so ernstlich meine, wie's dein letzter Wille war.
Ja, verbinde in der Wahrheit, der du selbst die Wahrheit bist,
alles, was von deiner Klarheit in der Tat erleuchtet ist.

E *Lesung:*

Ich bin der gute Hirte. Ich kenne die Meinen und die Meinen kennen mich, wie der Vater mich kennt und ich den Vater kenne. Ich gebe mein Leben für die Schafe. Und ich habe noch andre Schafe, die nicht aus diesem Stall sind; auch sie muß ich führen, und sie werden auf meine Stimme hören. Dann wird es nur eine Herde und einen Hirten geben. *Joh 10, 14 – 16*

Kurze Stille

Freitag

A *Lied:*

Herz und Herz vereint zusammen . . .

Liebe, hast du es geboten, daß man Liebe üben soll,
o so mache doch die toten, trägen Geister lebensvoll.
Zünde an die Liebesflamme, daß ein jeder sehen kann:
Wir, als die von *einem* Stamme, stehen auch für *einen* Mann.

E *Lesung:*

Jesus sollte für das Volk sterben, – und nicht nur für das Volk, sondern auch, um die zerstreuten Kinder Gottes in eins zusammenzubringen. *Joh 11, 51 c. 52*

Kurze Stille

Samstag

A *Lied:*

Herz und Herz vereint zusammen . . .

Laß uns so vereinigt werden, wie du mit dem Vater bist,
bis schon hier auf dieser Erden kein getrenntes Glied mehr ist;
und allein von deinem Brennen nehme unser Licht den Schein:
also wird die Welt erkennen, daß wir deine Jünger sein.

E *Lesung:*

Wir sollen die Wahrheit in Liebe festhalten und in allem auf Christus hin wachsen, der das Haupt ist. Von ihm wird der ganze Leib zusammengefügt und zusammengehalten durch die Hilfe aller Gelenke. Durch ihn wirkt jedes Glied auf seine Weise am Wachstum mit. So wird der Leib selbst in Liebe aufgebaut. *Eph 4, 15. 16*

Kurze Stille

A 

2. Dein Volk nicht eins mehr ist.
Der Böse treibt mit List,
Herr, deine Herde.
Herr Jesus, send den Geist
der Liebe, der verheißt,
daß eins sie werde!

3. Wer dich hat leiden seh'n,
mag dann den Weg nicht geh'n
ohne die Brüder.
Wo Liebe zu dir glüht,
sie erst die andern sieht
als deine Glieder.

E Herr Jesus Christus,

A wir beten dich an und danken dir,
denn durch deinen Opfertod am Kreuz
hast du die Welt erlöst.

Dein Blut komme über uns
und über unsere Kinder gnädiglich;

über alle Menschen
an allen Orten,
in allen Ständen,
mit allen ihren Anliegen;
über dein altes Bundesvolk
und das Land seines Erbes
und über die ganze
nach Freiheit seufzende Kreatur.

Besonders komme dein Blut, o Herr,
in unser Verhältnis zu dir
und zu uns untereinander.
Vereinige uns alle mit dir
und miteinander
in der einen
alle und alles umfassenden
Lebens- und Liebesgemeinschaft,
unzertrennlich in deinem heiligen Herzen:

zu Gottes alleiniger Ehre,
zum Kommen des Himmelreiches,
zu aller Heiligen und der Engel Freude
und zu unserem ganzen Heil
an Leib, Seele und Geist,
auch an Hab und Gut,
in Vergangenheit, Gegenwart und Zukunft,
daß der Wille des Vaters
wie im Himmel – so auf Erden geschehe. Amen.

E/A

E über den zertrennten Leib deiner Kirche.
Wir beugen uns unter die Not und die Schuld der Zertrennung.
Du hast uns Erlösung und Einheit, Leben und Frieden geschenkt.
Wir aber sind abgewichen von deinen Geboten und Weisungen.
Wir haben uns verschuldet und abgewandt von dir.

A Herr, erbarme dich. Sei uns gnädig und stelle uns wieder her!

E Schenke brüderliche Liebe
unter den Gliedern aller Konfessionen und Kreise deiner Christenheit.
Schenke brüderliche Liebe
in den kleinen Zellen des Lebens in Familie, Beruf und Gemeinde.
Wir bitten um Einigung da,
wo Zertrennung und Streit ist.
Laß siegen den Geist der demütigen Liebe,
durch die der eine den andern höher achtet als sich selbst,
weil du, Herr Jesus, in ihm wohnst.
Schenke uns allen das Ernstnehmen deiner letzten Bitte,
daß wir alle eins seien,
um des Leidens deines Herzens willen. Amen.

Stilles Gebet für Anliegen, die die Einheit der Christen betreffen

Abschluß:

E Unser Herr Jesus Christus betet für uns beim Vater:
Nicht nur für diese meine Jünger bitte ich,
sondern auch für alle,
die durch ihr Wort an mich glauben.
Alle sollen eins sein:
Wie du, Vater, in mir bist und ich in dir bin,
sollen auch sie in uns eins sein,
damit die Welt glaubt, daß du mich gesandt hast. *Joh 17, 20–21*

Abschluß:

E/A

(einstimmig, Wiederholung mehrstimmig)

Kreuzbetrachtung

»Siehe, das ist Gottes Lamm, das die Sünde der Welt trägt!« *Joh 1, 29*

Kreuz und Auferstehung!

Wir unterbrechen unsere Arbeit und versetzen uns im Geist zurück in jene Mittagsstunden, in denen unser Herr Jesus Christus als der Heiland aller Menschen am Kreuz für unseren wahren und ewigen Frieden litt. Wir stehen vor ihm, der unsere Schuld sühnte und durch seinen Opfertod den Weg zum Vater auftat.

»Er trug unsre Krankheit und lud auf sich unsre Schmerzen. Wir aber hielten ihn für den, der geplagt und von Gott geschlagen und gemartert wäre. Aber er ist um unsrer Missetat willen verwundet und um unsrer Sünde willen zerschlagen. Die Strafe liegt auf ihm, auf daß wir Frieden hätten, und durch seine Wunden sind wir geheilt.« (Jes 53, 4.5)

Halten wir inne – werden wir still vor der Liebestat unseres Gottes!

Wir stehen unter dem Kreuz und hören auf seine letzten Worte.

Wir danken ihm und beten ihn an.

Diese Gebetszeit ist schwer und leicht: Schwer ist sie darum, weil wir selber nichts tun können. Wir sind passiv. Nur ein Lied, ein Wort – dann Stille. Schweigen.

Ich komme aus der Aktivität meines Arbeitstages und schweige vor den erschütternden Worten Jesu am Kreuz.

Aus diesem Grund ist diese Gebetszeit aber auch leicht. Ich brauche nichts tun als Jesus anzusehen. – In dieser Stunde hat er für mich gelitten und meine Schuld gesühnt. Was könnte ich noch beitragen? Was kann ich hinzutun, was wegnehmen? Nichts! Es geschah alles, bevor ich da war, ohne meine Mithilfe – für mich. Von der Liebe Jesu am Kreuz bin ich tief betroffen: »Das tatest du für mich . . .«

Und doch geschieht etwas in mir trotz meiner Passivität, trotz meiner Hilflosigkeit – nicht äußerlich, sondern im Verborgenen: indem ich dankbar empfange, weiß ich wieder neu, für wen ich lebe. Ich weiß wieder, worum sich mein Arbeitstag dreht. Hier in der Stille finde ich wieder den Grund, auf dem ich stehe.

Das Blut dessen, der rief: »Mich dürstet!«, wird mir zur Quelle des Lebens. Er, der klagte: »Mein Gott, mein Gott, warum hast du mich verlassen?«, stellt sich zu mir und läßt mich nicht allein. Und während ich den anschauen darf, der in seinem tiefsten Leid immer noch Augen und Herz für die anderen hatte, der für die Feinde betete, der die Mutter und den Jünger zusammenführte, erfahre ich, zu welcher Liebe er mich befreien will. Und in meiner Schwachheit und Kurzsichtigkeit richtet mich der auf, der ausrief: »Es ist vollbracht!«

Er selbst gibt sich uns neu hin, immer wieder neu. Auch in den kurzen Augenblicken des stillen Betens. Können wir anders, als ihm dankbar zu antworten – mit unserem ganzen Leben?

KREUZBETRACHTUNG

Wir gedenken der Sterbestunde Jesu in stiller Anbetung und Betrachtung

Passionslieder

1

2. König, in Fesseln gebunden,
König, am Leib tiefe Wunden,
König der Juden, voll Spott und Hohn,
du, unser Herr, du Gottessohn,
Kyrieleison!

3. König, gebückt unterm Kreuze,
König, genagelt ans Holze,
König der Juden, auf Golgatha,
du, unser Herr, du Gottessohn,
Kyrieleison!

4. König, dort leidend und sterbend,
König, das Heil uns erwerbend,
König der Juden, in Todesnacht,
du, unser Herr, du hast es vollbracht,
Kyrieleison!

5. König, vom Tod auferstanden,
König, besiegt alle Bande,
König der Juden, in Ewigkeit,
Herrscher im Erd- und Himmelreich,
Halle-, Halleluja!

2

2. Das Lamm Gottes ward gehorsam am Kreuz.
Es ist der Herr aller Herren
und der König aller Könige.
3. Das Lamm Gottes tat seinen Mund nicht auf.
Es ist der Herr aller Herren
und der König aller Könige.
4. Das Lamm Gottes sitzt zur Rechten des Vaters.
Es ist der Herr aller Herren
und der König aller Könige.
5. Das Lamm Gottes wird alles überwinden.
Es ist der Herr aller Herren
und der König aller Könige.

3

2. Ich bete, Herr, dein Opfer an:
Es hat vollbracht, was ich nicht kann,
Heil und Erlösung mir gegeben.
In Einsamkeit, in Qual und Not
wirst du für uns zum Himmelsbrot,
dein Blut zum Brunnquell für das Leben.
3. O Jesu, laß dein Kreuz und Pein
doch allezeit mir Anreiz sein,
als Kreuzgezeichneter zu leben,
daß du in mir durch Brot und Wein,
durch Gnad' und Kraft des Geistes dein
mich machst zum Brot, der Welt gegeben.

4

2. Sie schlugen mit den Fäusten
   dein edles Angesicht,
   sie spotteten und höhnten,
   du wehrtest ihnen nicht.
3. Gegeißelt, festgebunden,
   gebückt unter dem Kreuz,
   den Leib voll tiefer Wunden,
   genagelt an das Holz!
4. Du heil'ger Sohn des Vaters,
   verblutest unerkannt,
   doch bricht in deinem Tode
   das neue Leben an!

Schlußrefrain:

5

nach Psalm 22

2. Anbetung dir, Herr Jesus, dir,
Anbetung dir, Herr Jesus, dir,
/: für alle Schmerzen, die du erlitten,
Anbetung dir, Herr Jesus, dir! :/

3. Du bist mein Gott, Herr Jesus, du,
du bist mein Gott, Herr Jesus, du.
/: Du thronst beim Vater in Ewigkeiten
und trittst für uns allezeit ein. :/

4. Heiliger Gott, heiliger Herr,
heiliger Gott, heiliger Herr,
/: ich neige tief mich vor deinem Kreuze
und bete dich ewiglich an. :/

6

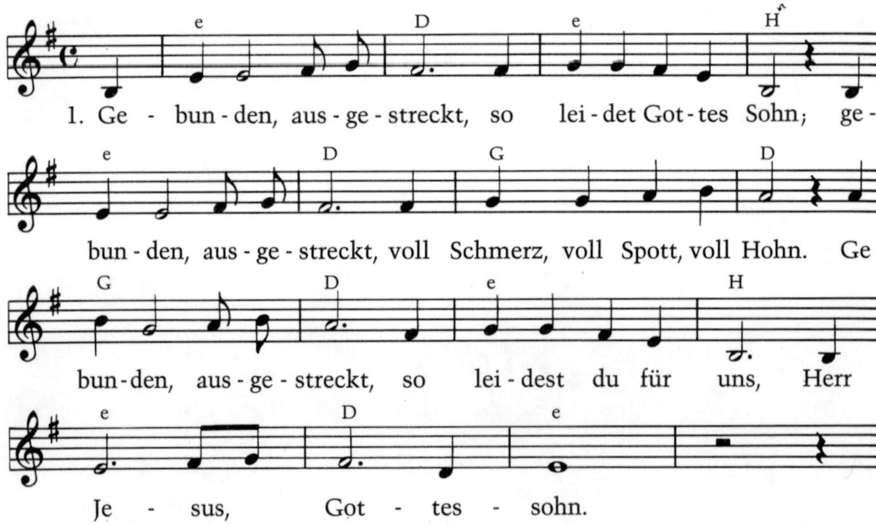

2. Voll Schmerzen ist dein Leib, und keiner steht dir bei.
Voll Schmerzen auch dein Geist, dein Herz ein einz'ger Schrei:
Erbarm dich über sie! O Vater, sieh nicht an,
was sie an mir getan.

3. Dort draußen vor der Stadt, da stirbst du für uns, Herr,
verstoßen von dem Volk, das deiner Lieb' Begehr.
Da draußen vor der Stadt erkämpfst du uns den Sieg,
Herr Jesus, Gottessohn.

4. Anbetung sei dir, Herr, der du dich für uns gibst,
der du durch deinen Tod uns hin zum Vater liebst.
Anbetung deiner Lieb', die in die Dornen greift,
zu Leid und Schmerz bereit.

7

2. Mein Herr Jesus, schweigend will ich stehn dort am Kreuz auf Golgatha.
Meine Augen sollen dich nur sehn dort am Kreuz auf Golgatha.
Und ich will verstehen, was du sagst dort in deiner tiefsten Nacht,
als du ausriefst im letzten Atemzug: »Es ist alles nun vollbracht!«

3. Mein Herr Jesus, ich will anbeten dich dort am Kreuz auf Golgatha.
Tief will ich mich neigen vor dir, Herr, dort am Kreuz auf Golgatha.
Wer kann je verstehen, was geschah, dort am Hügel vor der Stadt,
als des Vaters innig geliebter Sohn die Gehorsamstat vollbracht.

4. Präge du dein Wesen ganz in mich, daß ich ähnlich werde dir,
daß ich liebe, so wie du mich liebst, mich verschenke ganz an dich.
Mein Herr Jesus, laß mich lieben hier in der Welt voll Angst und Not.
Laß mich Diener sein, der die Füße wäscht, so wie du, mein Herr und Gott.

Sonntag

Lied

Lesung:
Und als sie an den Ort kamen, der Schädel heißt, kreuzigten sie dort ihn und die Verbrecher, den einen zur Rechten, den andern zur Linken. Jesus aber sagte: **Vater, vergib ihnen; denn sie wissen nicht, was sie tun!** *Lk 23, 33. 34*

Stille Betrachtung

Abschluß:
Wohl dem, dessen Übertretung vergeben und dessen Sünde bedeckt ist! Wohl dem Manne, dem der Herr die Schuld nicht anrechnet und in dessen Herzen kein Falsch ist! *Ps 32, 1.2*

oder

Lobe den Herrn, meine Seele, und alles, was in mir ist,
seinen heiligen Namen!
Lobe den Herrn, meine Seele, und vergiß nicht,
was er dir Gutes getan!
Der dir all deine Schuld vergibt
und alle deine Gebrechen heilt,
der dein Leben vom Verderben erlöst,
der dich krönt mit Gnade und Barmherzigkeit,
der mit Gutem dein Verlangen stillt,
daß deine Jugend sich erneuert gleich dem Adler.
Taten des Heils vollbringt der Herr
und schafft Recht allen Unterdrückten. *Ps 103, 1–6*

Montag

Lied

Lesung:
Als nun Jesus seine Mutter sah und neben ihr den Jünger, den er lieb hatte, sagte er zur Mutter: **Frau, siehe, dein Sohn!** Hierauf sagte er zum Jünger: **Siehe, deine Mutter!** Und von jener Stunde an nahm sie der Jünger in sein Haus. *Joh 19, 26.27*

Stille Betrachtung

Abschluß:
Laß nicht in mir zuschanden werden,
die auf dich hoffen, Herr der Heerscharen!
Laß nicht in mir beschämt werden,
die dich suchen, o Gott Israels!
Denn um deinetwillen trage ich Schande,
bedeckt Schmach mein Angesicht.
Fremd bin ich geworden meinen Brüdern,
ein Unbekannter den Söhnen meiner Mutter. *Ps 69, 7 – 9*

Dienstag

Lied

Lesung:
Einer (der mitgekreuzigten Verbrecher) sagte: Jesus, denke an mich, wenn du in dein Reich kommst! Jesus antwortete ihm: **Amen, ich sage dir: Heute noch wirst du mit mir im Paradies sein.** *Lk 23, 42.43*

Stille Betrachtung

Abschluß:
Gedenke, o Herr, deiner Barmherzigkeit
und deiner Gnaden, die von Ewigkeit her sind.
Der Sünden meiner Jugend gedenke nicht;
nach deiner Gnade gedenke mein,
o Herr, um deiner Güte willen.
Der Herr ist gütig und gerecht;
darum weist er Irrenden den Weg.
Er läßt die Frommen wandeln nach dem Rechte,
er lehrt die Gebeugten seinen Weg.
Alle Pfade des Herrn sind Huld und Treue
denen, die seinen Bund und seine Gesetze halten.
Um deines Namens willen, Herr,
verzeihe meine Schuld, denn sie ist groß. *Ps 25, 6 – 11*

Mittwoch

Lied

Lesung:
Um die neunte Stunde schrie Jesus laut auf: »**Eli, Eli, lema sabachthani?**« das heißt: **Mein Gott, mein Gott, warum hast du mich verlassen?** *Mt 27, 46*

Stille Betrachtung

Abschluß:
Mein Gott, mein Gott, warum hast du mich verlassen,
bleibst ferne meiner Rettung und den Worten meiner Klage?
Mein Gott, ich rufe bei Tage, und du antwortest nicht
– des Nachts, und finde nicht Ruhe.
Und doch bist du der Heilige,
der thront über den Lobgesängen Israels.
Auf dich vertrauten unsre Väter;
sie vertrauten, und du halfest ihnen. *Ps 22, 2 – 5*

oder

Zu dir schrieen sie und wurden errettet;
auf dich vertrauten sie und wurden nicht zuschanden.
Ich aber bin ein Wurm und kein Mensch,
ein Spott der Leute und verachtet vom Volke.
Alle, die mich sehen, spotten meiner,
verziehen die Lippen und schütteln den Kopf. *Ps 22, 6 – 8*

oder

Dir danke ich's, daß ich lobpreisen kann in großer Gemeinde;
meine Gelübde erfülle ich vor denen, die ihn fürchten.
Es werden essen die Gebeugten und gesättigt werden,
den Herrn werden preisen, die ihn suchen.
Aufleben soll euer Herz für immer!
Alle Enden der Erde werden dessen gedenken
und sich zu dem Herrn bekehren;
und alle Geschlechter der Heiden
werden vor ihm niederfallen.
Denn des Herrn ist das Reich,
und er ist Herrscher über die Völker. *Ps 22, 26 – 29*

Donnerstag

Lied

Lesung:
Als Jesus wußte, daß nun alles vollbracht war,
sagte er, damit die Schrift erfüllt würde: **Mich dürstet.** *Joh 19, 28*

Stille Betrachtung

Abschluß:
Trocken wie Scherben ist mein Gaumen,
und meine Zunge klebt an meinem Schlund;
in den Staub des Todes legst du mich.
Denn Hunde lagern rings um mich,
und mich umkreist die Rotte der Übeltäter;
sie durchbohren mir Hände und Füße.
Ich kann all meine Gebeine zählen;
sie aber schauen her, sehen ihre Lust an mir.
Sie teilen meine Kleider unter sich
und werfen das Los um mein Gewand.
Aber du, Herr, sei nicht ferne!
Du meine Stärke, eile, mir zu helfen! *Ps 22, 16 – 20*

oder

Du weißt ja meine Schmach,
und meine Widersacher kennst du alle.
Die Schmach bricht mir das Herz,
unheilbar ist meine Schande und mein Schimpf;
ich harrte auf einen, der mitleidig wäre,
aber da war keiner,
und auf Tröster, doch ich fand sie nicht.
Und sie gaben mir Gift zur Speise
und Essig zu trinken für meinen Durst. *Ps 69, 20 – 22*

Freitag

Lied

Lesung:
Es war schon um die sechste Stunde, da kam eine Finsternis über die ganze Erde bis zur neunten, und die Sonne verlor ihren Schein; der Vorhang im Tempel aber riß mitten entzwei. Und Jesus rief mit lauter Stimme und sprach: **Vater, in deine Hände befehle ich meinen Geist!** *Lk 23, 44–46*

Stille Betrachtung

Abschluß:
Auf dich, o Herr, vertraue ich,
laß mich nimmermehr zuschanden werden;
errette mich nach deiner Gerechtigkeit,
neige dein Ohr zu mir.
Eilends erlöse mich, o Herr,
sei mir ein Hort der Zuflucht,
eine feste Burg, mir zu helfen;
ja, mein Fels und meine Burg bist du,
und um deines Namens willen wirst du mich leiten.
Du wirst mich befreien aus dem Netze,
das sie mir heimlich gestellt haben;
denn du bist meine Zuflucht.
In deine Hand befehle ich meinen Geist;
du erlösest mich, Herr, du getreuer Gott. *Ps 31, 2–6*

Samstag

Lied

Lesung:
Als Jesus nun den Essig genommen hatte, sagte er: **Es ist vollbracht,** neigte das Haupt und gab den Geist auf. *Joh 19, 30*

Stille Betrachtung

Abschluß:
O Herr, mein Gott bist du; ich will dich erheben, will deinen Namen preisen; denn du hast Wunderbares vollbracht, Ratschlüsse von alters her, die wahrhaft und wahr sind.
Vernichten wird er auf diesem Berge die Hülle, von der alle Nationen umhüllt sind, und die Decke, die über alle Völker gedeckt ist.
Vernichten wird er den Tod auf ewig. Und abwischen wird Gott, der Herr, die Tränen von jedem Antlitz und die Schmach seines Volkes von der ganzen Erde hinwegnehmen; denn der Herr hat es geredet.
An jenem Tage wird man sprechen: Siehe da, unser Gott, auf den wir hofften, daß er uns helfe! Das ist der Herr, auf den wir hofften. Laßt uns frohlocken und fröhlich sein ob seiner Hilfe! *Jes 25, 1. 7 – 9*

oder

Taten des Heils vollbringt der Herr
und schafft Recht allen Unterdrückten.
Er tat Mose seine Wege kund,
den Kindern Israels sein Walten.
Barmherzig und gnädig ist der Herr,
langmütig und reich an Güte.
Er hadert nicht immerdar
und verharrt nicht ewig im Zorn.
Er handelt nicht mit uns nach unsern Sünden
und vergilt uns nicht nach unsrer Schuld.
Denn so hoch der Himmel über der Erde ist,
so hoch ist seine Gnade über denen, die ihn fürchten.
So fern der Aufgang ist vom Niedergang,
so fern tut er unsre Übertretungen von uns.
Wie sich ein Vater über seine Kinder erbarmt,
so erbarmt sich der Herr über die, die ihn fürchten. *Ps 103, 6 – 13*

Auferstehungsbetrachtung

»Christus Jesus hat den Tod zunichte gemacht, aber Leben und Unvergänglichkeit ans Licht gebracht durch das Evangelium.« 2 Tim 1, 10

Am Sonntag und in den Wochen zwischen Ostern und Pfingsten betrachten wir anstelle der Kreuzesworte Jesu die Texte seines Auferstehungssieges. Diese Texte lesen wir betend und mit großer Freude, weil wir wissen, daß sie uns gelten.

Kreuz und Tod sind nicht das Letzte. Wie Gott am ersten Tag der Schöpfung sein Werk damit begann, daß er das Licht hervorrief, so begann die neue Schöpfung der Welt damit, daß er am ersten Tag der Woche Jesus, das Licht der Welt, aus dem Dunkel des Todes in das Leben rief. Und Jesus kam und trat in die Mitte seiner Jünger und sagte zu ihnen: »'Friede sei mit euch!' Da wurden die Jünger froh, als sie den Herrn sahen.« (Joh 20, 19.20)

Unsere Auferstehungshoffnung und die Auferstehung Jesu hängen eng miteinander zusammen. Daraus gewinnen wir die Hoffnung für unsere Zukunft. Und wir werden von Freude erfüllt, wenn er heute unter uns tritt, hinein in unsere Mitte. Die Kraft seiner Auferstehung ist in unserem Leben wirksam durch den Heiligen Geist. So können wir Resignation und Anfechtung überwinden und zu Zeugen der Auferstehung werden. Aber wir warten auch voller Freude auf den Tag, an dem alle Sehnsucht der ganzen Kreatur gestillt und die Auferstehungswirklichkeit in unserem Leben voll und ganz offenbar wird, auf den Tag, an dem Haupt und Glieder ganz und gar sichtbar vereint in der neuen Schöpfung Gottes leben werden.

AUFERSTEHUNGSBETRACHTUNG

Auferstehungslied oder Hymnus

Textlesung[1]

Kurze Stille

Auferstehungslied oder Hymnus

E Der Herr ist auferstanden, Halleluja!

A Er ist wahrhaftig auferstanden, Halleluja!

[1] *Im folgenden Textlesungen für die Zeit zwischen Ostern und Pfingsten. An Sonntagen können die angegebenen Texte beliebig ausgewählt werden.*

Sonntag	*Der Auferstandene begegnet den Frauen* *Matthäus 28, 1–8*
Montag	*Petrus und Johannes am leeren Grab* *Johannes 20, 1–8*
Dienstag	*Der Auferstandene begegnet zwei Jüngern auf dem Weg nach Emmaus* *Lukas 24, 13–32*
Mittwoch	*Der Auferstandene begegnet den Jüngern* *Markus 16, 9–20*
Donnerstag	*Der Auferstandene erscheint den Jüngern in Abwesenheit des Thomas* *Johannes 20, 19–23*
Freitag	*Der Auferstandene erscheint den Jüngern in Gegenwart des Thomas* *Johannes 20, 24–29*
Samstag	*Der Auferstandene erscheint den Jüngern am See von Tiberias* *Johannes 21, 1–14*

Weitere Texte zur Auswahl:

Lukas 24, 36–49
Johannes 11, 25
Johannes 20, 11–18
Apostelgeschichte 4, 8–12
Römer 6, 4–11
1. Korinther 15, 1–10a
1. Korinther 15, 12–20
1. Korinther 15, 42–44. 54–57
Epheser 1, 15–23
Epheser 2, 4–7
Philipper 3, 10–15
Kolosser 1, 15–18

Abendgebet

»Sorgt euch um nichts, sondern in allen Dingen laßt eure Bitten in Gebet und Flehen mit Danksagung vor Gott kommen!« *Phil 4, 6*

Brücke sein für den Bruder zu Gott; Menschen vor Gottes Thron bringen. Wenn wir in der Gewißheit des Sieges leben, fallen die Strahlen des Sieges durch uns auf die Menschen, über denen wir den Sieg Jesu ausrufen.

Wir möchten ganz neu entdecken, wozu Gott uns berufen hat: »Ihr seid die königliche Priesterschaft.« (1 Petr 2, 9) Ein König hat das ganze Reich vor Augen und sucht das Beste für einen jeden. Ein Priester nimmt die Last der Menschen auf und trägt die Anliegen eines jeden auf seinem Herzen. Er trägt sie betend hin zu Gott.

So laßt uns still und behutsam die Last und die Schuld unserer Nächsten aufnehmen und sie dem bringen, der uns gerufen hat zu diesem königlichen und priesterlichen Dienst.

ABENDGEBET

E Unsere Hilfe steht im Namen des Herrn,

A der Himmel und Erde gemacht hat.

Eingangslied:

2. Jesu Friede uns vereine
in der Lieb' zu Gott!
Jesu Friede schenkt den Brüdern
Sieg trotz Hohn und Spott.
3. Jesu Friede die Gemeinde
tröstet in der Not.
Jesu Fried' bringt Christi Gliedern
Kraft durch Wein und Brot.
4. Jesu Friede bringt die Freude
mir als Gottesgab'.
Jesu Friede ist im Leide
all mein Gut und Hab.

oder

li-gen, himm-li-schen und se-li-gen Va-ters Je-su Christ. Da wir ge-
kom-men sind beim Un-ter-gang der Son-ne das A-bend-licht zu schau-
en, prei-sen wir dich Gott, Va-ter, Sohn und Hei-li-gen Geist.
Wahrhaft würdig ist es, dich al-le-zeit zu prei-sen!
O Sohn Gottes, du Le-bens-spen-der, den das Welt-all verherrlicht!

Psalmen (Wochenpsalm oder die Psalmen 19, 23, 84, 103, 104, 111, 113, 116, 118, 121, 126, 139 u. a. – Psalmenverzeichnis s. Seite 227)

E *Wochenspruch*

Lesung (z. B. Tagestext oder Text zum Wochenspruch), ev. mit kurzer Auslegung

Stille

A Vater unser im Himmel,
geheiligt werde dein Name.
Dein Reich komme.
Dein Wille geschehe wie im Himmel, so auf Erden.
Unser tägliches Brot gib uns heute.
Und vergib uns unsere Schuld,
wie auch wir vergeben unsern Schuldigern.
Und führe uns nicht in Versuchung,
sondern erlöse uns von dem Bösen.
Denn dein ist das Reich und die Kraft und die Herrlichkeit
in Ewigkeit. Amen.

Fürbitte:

E Herr Jesus Christus, du Heiland der Welt, der du zurechtbringst alle Nöte und heilest alle Gebrechen des Leibes und der Seele durch dein teures Blut, wir rufen deinen Siegesnamen aus über:

Es werden die Namen von Menschen und Werken genannt:

Montag	*Dienste der Kirche weltweit – Mission*
Dienstag	*Familie, Schule, Beruf*
Mittwoch	*Unsere Nächsten – Diakonie*
Donnerstag	*Völker, Länder und Regierungen*
Freitag	*Kirche, Ortsgemeinde*
Samstag	*Rückblick auf die Woche*

(s. a. die Gebetshinweise in den Herrnhuter Losungen)
Es können auch aktuelle Anliegen genannt werden.

Abschluß (der gemeinsamen Fürbitte oder einzelner Teile):

E/A

Stille Fürbitte

E Dein ist der Sieg,

A Halleluja! O Vater aller Herrlichkeit, der du zum Segnen hältst bereit den wahren

Gottesfrieden, send allen, die wir nannten dir, den Strom des Friedens für und für. Herr, segne uns hienieden!

E/A

(einstimmig, Wiederholung mehrstimmig)

Nachtgebet

»Von Herzen verlangt mich nach dir des Nachts.« *Jes 26, 9*

Der Tag ist vollendet: wir beten die Komplet.[1]

Nachtgebet schon um 21 Uhr? Diese Festlegung trifft am wenigsten den Geschmack des modernen Menschen, der – zumeist fernsehend – in den Abend und in die Nacht hinein lebt und es darum nicht mehr schafft, sich zu einem Frühgottesdienst zu erheben. Wie oft reicht sein Tag bis nahe an Mitternacht . . .

Warum wird also das Abschlußgebet des Tages schon so früh gelegt? Sicher setzen wir auch hier ein Zeichen: Durch die Weise, wie wir den vergehenden Tag beenden, bestimmen wir auch den Beginn des neuen Tages. Wie wir am Morgen den Herrn begrüßen und preisen, so tauchen wir am Abend des Tages ein in Gottes Lob.

Arbeit und Sorgen legen wir aus den Händen, und im Schweigen der Nacht kommen wir in Gott zur Ruhe.

[1] Komplet (von lateinisch 'completorium', Abschluß) heißt: Gebet zum Tagesschluß, Nachtgebet.

NACHTGEBET (Komplet)

E Laßt uns beten um Gottes Segen!
Eine ruhige Nacht und ein gutes Ende schenke uns der allmächtige Herr.

A Amen.

Lesung:

E Seid nüchtern und wachsam! Euer Widersacher, der Teufel, geht wie ein brüllender Löwe umher und sucht, wen er verschlingen kann. Leistet ihm Widerstand in der Kraft des Glaubens! *1 Petr 5, 8–9*

Kurze Stille

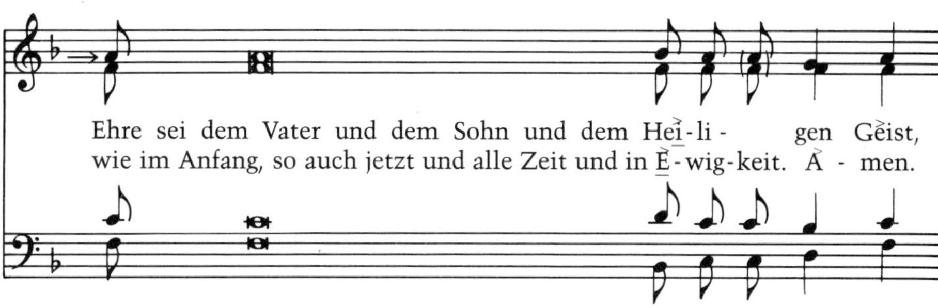

(In der Fastenzeit weglassen)

2. Hüllt Schlaf die müden Glieder ein,
laß uns in dir geborgen sein
und mach am Morgen uns bereit
zum Lobe deiner Herrlichkeit.

3. Dank dir, o Vater reich an Macht,
der über uns voll Güte wacht
und mit dem Sohn und Heilgen Geist
des Lebens Fülle uns verheißt.
Amen.

Psalm 4

Antiphon – Ton 7

Psalmodie – Ton 7

Antiphon

2 Erhöre mich, wenn ich rufe,
Gott meiner Gerechtigkeit,
der du mich tröstest in Angst;
sei mir gnädig und erhöre mein Gebet!

3 Ihr Herren, wie lange soll meine Ehre geschändet werden?
Wie habt ihr das Eitle so lieb und die Lüge so gern!

4 Erkennet doch, daß der Herr seine Heiligen wunderbar führt;
der Herr hört, wenn ich ihn anrufe.

5 Zürnet ihr, so sündiget nicht;
redet in eurem Herzen auf eurem Lager und seid stille.

6 Opfert, was recht ist,
und hoffet auf den Herrn.

7 Viele sagen: »Wer wird uns Gutes sehen lassen?«
Herr, laß leuchten über uns das Licht deines Antlitzes!

8 Du erfreust mein Herz,
ob jene auch viel Wein und Korn haben.

9 Ich liege und schlafe ganz mit Frieden;
denn allein du, Herr, hilfst mir, daß ich sicher wohne.

Antiphon

Ehre sei dem Vater und dem Sohn und dem Heiligen Geist, /
wie im Anfang, so auch jetzt und alle Zeit
und in Ewigkeit. Amen.

Antiphon

Psalm 91

Antiphon – Ton 8

Psalmodie – Ton 8

Antiphon

1 Wer unter dem Schirm des Höchsten sitzt
und unter dem Schatten des Allmächtigen bleibt,

2 der spricht zu dem Herrn: /
Meine Zuversicht und meine Burg,
mein Gott, auf den ich hoffe.

3 Denn er errettet dich vom Strick des Jägers
und von der verderblichen Pest.

4 Er wird dich mit seinen Fittichen decken, /
und Zuflucht wirst du haben unter seinen Flügeln.
Seine Wahrheit ist Schirm und Schild,

5 daß du nicht erschrecken mußt vor dem Grauen der Nacht,
vor den Pfeilen, die des Tages fliegen,

6 vor der Pest, die im Finstern schleicht,
vor der Seuche, die am Mittag Verderben bringt.

7 Wenn auch tausend fallen zu deiner Seite /
und zehntausend zu deiner Rechten,
so wird es doch dich nicht treffen.

8 Ja, du wirst es mit eigenen Augen sehen
und schauen, wie den Gottlosen vergolten wird.

9 Denn der Herr ist deine Zuversicht,
der Höchste ist deine Zuflucht.

10 Es wird dir kein Übel begegnen,
und keine Plage wird sich deinem Hause nahen.

11 Denn er hat seinen Engeln befohlen,
daß sie dich behüten auf allen deinen Wegen,

12 daß sie dich auf den Händen tragen
und du deinen Fuß nicht an einen Stein stößest.

13 Über Löwen und Ottern wirst du gehen
und junge Löwen und Drachen niedertreten.

14 »Er liebt mich, darum will ich ihn erretten;
er kennt meinen Namen, darum will ich ihn schützen.

15 Er ruft mich an, darum will ich ihn erhören; /
ich bin bei ihm in der Not,
ich will ihn herausreißen und zu Ehren bringen.

16 Ich will ihn sättigen mit langem Leben
und will ihm zeigen mein Heil.«

Antiphon

Ehre sei dem Vater und dem Sohn und dem Heiligen Geist, /
wie im Anfang, so auch jetzt und alle Zeit
und in Ewigkeit. Amen.

Antiphon

Psalm 134

Antiphon – Ton 3

Psalmodie – Ton 3

Antiphon

Wohlan, lobet den Herrn,
alle Knechte des Herrn,
die ihr steht des Nachts im Hause des Herrn!

2 Hebet eure Hände auf im Heiligtum
und lobet den Herrn!

3 Der Herr segne dich aus Zion,
der Himmel und Erde gemacht hat!

Antiphon

Ehre sei dem Vater und dem Sohn und dem Heiligen Geist, /
wie im Anfang, so auch jetzt und alle Zeit
und in Ewigkeit. Amen. Amen.

Antiphon

Lesung:

E Du bist in unsrer Mitte, und dein Name ist über uns genannt.
Verlaß uns nicht, Herr, unser Gott! *Jer 14, 9*

oder

E Wie mich der Vater geliebt hat, habe auch ich euch geliebt.
Bleibet in meiner Liebe! Wenn ihr meine Gebote haltet, werdet ihr in meiner Liebe bleiben, wie ich die Gebote meines Vaters gehalten habe und in seiner Liebe bleibe. Dies habe ich zu euch geredet, damit meine Freude in euch sei und eure Freude vollkommen werde.
Das ist mein Gebot, daß ihr einander lieben sollt, wie ich euch geliebt habe. Größere Liebe hat niemand als die, daß einer sein Leben hingibt für seine Freunde. Ihr seid meine Freunde, wenn ihr tut, was ich euch gebiete. Ich nenne euch nicht mehr Knechte, denn der Knecht weiß nicht, was sein Herr tut; euch aber habe ich Freunde genannt, denn alles, was ich von meinem Vater gehört habe, das habe ich euch kundgetan. Nicht ihr habt mich erwählt, sondern ich habe euch erwählt und euch dazu bestimmt, daß ihr hingeht und Frucht tragt und daß eure Frucht bleibe, damit euch der Vater gebe, um was ihr ihn in meinem Namen bittet. *Joh 15, 9–16*

E/A In dei-ne Hän-de, Her-re Gott, be-feh-le ich mei-nen Geist.

E Du hast uns er-lö-set, Herr, du treu-er Gott. /

A ✳ Dir befehle ich meinen Geist.

E Eh-re sei dem Va-ter und dem Soh-ne und dem Hei-li-gen Gei-ste. /

A In deine Hände, Herre Gott, befehle ich meinen Geist.

Lobgesang des Simeon:

leuch-tet, und Herr-lich-keit für dein Volk Is-ra-el. Lob und Preis
sei Gott, dem Va-ter und dem Sohne und dem Hei-li-gen Gei-ste,
wie es war im An-fang, jetzt und im-mer-dar, und von E-wig-keit
zu E-wig-keit. A-men.

oder

Vaterunser:

a tempo
Er - den. Un - ser täg - li - ches Brot gib uns heu - te. Und ver - gib uns
un - se - re Schuld, wie auch wir ver - ge - ben un - sern Schul - di - gern.
Und füh - re uns nicht in Ver - su - chung, son - dern er - lö -
se uns von dem Bö - sen. Denn dein ist das Reich und die Kraft

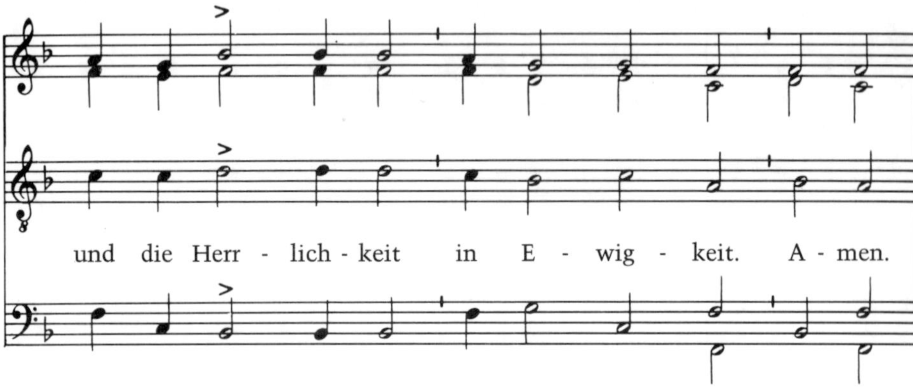

E *) Laßt uns beten!

Wir bitten dich, Herr: Kehre gnädig ein in unsere Häuser (dieses Haus) und treibe fern von uns alle List des Feindes. Laß deine heiligen Engel bei uns wohnen, daß sie uns im Frieden bewahren, und dein Segen sei immerdar über uns durch unsern Herrn Jesus Christus, deinen Sohn, der mit dir und dem Heiligen Geist lebt und regiert von Ewigkeit zu Ewigkeit.

E Amen.

**) oder:*

E Jesus kam und trat in die Mitte seiner Jünger und sagte zu ihnen: »Friede sei mit euch!«

A Da wurden die Jünger froh, als sie den Herrn sahen. *(aus Joh 20, 19 – 21)*

E Der Friede Gottes sei mit uns

A und mit allen unseren abwesenden Brüdern und Schwestern.

E Es segne und behüte uns der allmächtige und barmherzige Gott, der Vater, der Sohn und der Heilige Geist.

A Amen.

BERGPREDIGT-LESUNGEN
für jeden Tag des Monats

1.: Matthäus 5, 3–4
2.: Matthäus 5, 5–6
3.: Matthäus 5, 7–8
4.: Matthäus 5, 9–10
5.: Matthäus 5, 11–12
6.: Matthäus 5, 13
7.: Matthäus 5, 14–16
8.: Matthäus 5, 17–20
9.: Matthäus 5, 21–24
10.: Matthäus 5, 25–26
11.: Matthäus 5, 27–32
12.: Matthäus 5, 33–37
13.: Matthäus 5, 38–42
14.: Matthäus 5, 43–45
15.: Matthäus 5, 46–48
16.: Matthäus 6, 1–4
17.: Matthäus 6, 5–8
18.: Matthäus 6, 9–15
19.: Matthäus 6, 16–18
20.: Matthäus 6, 19–21
21.: Matthäus 6, 22–23
22.: Matthäus 6, 24
23.: Matthäus 6, 25–30
24.: Matthäus 6, 31–34
25.: Matthäus 7, 1–5
26.: Matthäus 7, 6
27.: Matthäus 7, 7–11
28.: Matthäus 7, 12
29.: Matthäus 7, 13–14
30.: Matthäus 7, 15–23
31.: Matthäus 7, 24–27

TEIL II
DIE PSALMEN

EINFÜHRUNG
PSALMEN – EINE BEWÄHRTE SCHULE DES BETENS
Gottes Wort und Gebet der Menschen

Die Psalmen sind das Gebet- und Gesangbuch des Gottesvolkes. Das alte Israel lebte aus dem Psalmengebet. Oft zitierte Jesus die Psalmen. Am Vorabend der Kreuzigung sang er mit seinen Jüngern gemäß der jüdischen Passahtradition die Psalmen 115 – 118[1], und selbst am Kreuz, in seiner schwersten Stunde, betete er noch Psalmworte.

»Ermuntert einander mit Psalmen und Lobliedern« (Eph 5, 19). »Singt Gott in eurem Herzen Psalmen, Hymnen und Lieder« (Kol 3, 16), schreibt der Apostel den jungen Christengemeinden. Und durch die ganze Geschichte der Christenheit hindurch ist das Psalmengebet nicht verklungen. Es lebt in den festlichen Gottesdienstgesängen der orthodoxen Kirchen; es erklingt in den einstimmigen gregorianischen Melodien der katholischen Kirche und lebt weiter in den Psalmliedern der evangelischen und freikirchlichen Gemeinden.

In eindrucksvoller Weise zeigt uns Dietrich Bonhoeffer die Bedeutung des Psalmengebetes für uns heute.[2] Er rät uns, die Psalmen zunächst als unser eigenes Gebet nachzusprechen. Und dort, wo wir an unsere Grenzen kommen – etwa bei den Psalmen, in denen der Beter seine Unschuld beteuert, Rache auf seine Feinde herabfleht oder in tiefstem Leiden seufzt – entdecken wir Jesus Christus und sein stellvertretendes Gebet für die Gemeinde. »Ist ein Vers oder ein Psalm nicht mein eigenes Gebet, so ist es doch das Gebet eines Andern aus der Gemeinschaft, so ist es ganz gewiß das Gebet des wahren Menschen Jesus Christus und seines Leibes auf Erden.«

Bonhoeffer zeigt uns die Psalmen als die große Schule des Betens überhaupt. In ihnen lernen wir, was beten heißt. Das heißt einmal, daß wir nicht zuerst von unseren vagen, oft selbstsüchtigen Wünschen her beten, sondern auf Grund des Wortes Gottes, auf Grund von Verheißungen, die Gott selbst uns gegeben hat; daß wir sozusagen einstimmen in das Gebet Jesu Christi, einstimmen in das Gebet einer großen Schar von Betern im Himmel und auf der Erde.

Zweitens lernen wir aus den Psalmen, was wir beten sollen. Und schließlich lehrt uns das Psalmengebet, als Gemeinschaft zu beten. »Der Leib Christi betet, und als Einzelner erkenne ich, wie mein Gebet nur ein kleinster Bruchteil des ganzen Gebetes der Gemeinde ist. Ich lerne das Gebet des Leibes Christi mitbeten. Das hebt mich über meine persönlichen Anliegen hinaus und läßt mich selbstlos beten.« Soweit die Gedanken von Dietrich Bonhoeffer.

Im Psalmengebet erfahren wir auch, daß wir vor Gott sein dürfen, wer und wie wir sind. In den Klagepsalmen lernen wir, unsere eigene Not vor Gott auszusprechen, – so wie es Jesus am Kreuz mit den

[1] vgl. Mt 26, 30

[2] Die folgenden Gedanken und Zitate sind entnommen aus 'Dietrich Bonhoeffer, Gemeinsames Leben', München 1985, Chr. Kaiser Verlag, 20. Auflage, Seiten 35 – 40; ausführlich siehe dort.

Worten des 22. Psalms tat. Gott handelt an uns, wenn wir sein Wort beten.

Zugleich helfen uns die Psalmen auch, von uns selber wegzuschauen (vgl. z. B. Psalm 73). Gerade in Zeiten der großen Freude oder einer großen Not, dann, wenn unsere eigenen Worte am Ende sind, nehmen uns die Gebete der Psalmen hinein in die dreitausendjährige Geschichte der Psalmbeter, die immer wieder erfahren haben, wie die Psalmen ihr Herz zu Gott erhoben haben.

Praktische Hilfen zum Beten und Singen der Psalmen

In den Psalmen kann man beobachten, daß innerhalb eines Verses meist dasselbe zweimal ausgesagt wird:

»Herr, höre meine Worte,
merke auf mein Reden!

Vernimm mein Schreien, mein König und mein Gott;
denn ich will zu dir beten.« (Psalm 5, 2.3)

Der erste Halbvers deutet auf die Aussage, der zweite bestätigt und wiederholt den Inhalt des ersten. »Immer sind es zwei Stimmen, die mit andern Worten ein und dasselbe Gebetsanliegen vor Gott bringen. Sollte das nicht ein Hinweis darauf sein, daß der Betende nie allein betet, sondern daß immer ein Zweiter, ein anderer, ein Glied der Gemeinde, des Leibes Christi, ja Jesus selbst mitbeten muß, damit das Gebet des Einzelnen rechtes Gebet sei?«[3] Hierin mag auch ein Grund liegen, daß es sich eingebürgert hat, eine Pause beim Beten in die Mitte des jeweiligen Verses zu legen und während des Innehaltens still betend den Namen Jesus auszusprechen:

»Herr, höre meine Worte, –Jesus–
merke auf mein Reden!
Vernimm mein Schreien, mein König und mein Gott; –Jesus–
denn ich will zu dir beten.«

Ist der erste Halbvers merklich länger als der zweite, so wird er nochmals aufgeteilt, und es entsteht ein 'Dreizeiler':

»Herr, leite mich in deiner Gerechtigkeit
um meiner Feinde willen; –Jesus–
ebne vor mir deinen Weg!« (Psalm 5, 9)

Jeder Psalm wird abgeschlossen mit der 'Doxologie', dem Lobpreis des Dreieinigen Gottes: »Ehre sei dem Vater und dem Sohn und dem Heiligen Geist, wie im Anfang, so auch jetzt und alle Zeit und in Ewigkeit. Amen.« Der Psalm wird häufig eingerahmt von einem kunstvoll gestalteten Leitvers, der 'Antiphon'. Sie wird vor dem Psalm gesungen sowie vor und nach der Doxologie, bei langen Psalmen noch öfter.

Das Singen der Psalmen hilft uns, die Worte tiefer in uns hineinzulassen, sie aufzunehmen, so daß sie auch im Unbewußten ihr Werk an uns tun können. Das Singen von Psalmen in unserem Herzen (Kol 3, 16)

[3] Dietrich Bonhoeffer, a. a. O.

wird uns so immer vertrauter und kann zum tragenden Grund des Gotteslobes in unserem Alltag werden.

Beim Psalmengebet dient die Musik der Sprache. Im Mittelpunkt steht dabei das Wort Gottes, in das wir unser Wort und unser Herz hineinlegen dürfen. So richten sich Betonung und Rhythmus ganz nach der gesprochenen Sprache: betonte Silben werden betont gesungen, unbetonte Silben werden zurückgenommen. Dieses Zurücknehmen der unbetonten Silben verleiht den gesungenen Psalmen auch eine große Ruhe.

Das gesungene Wort prägt sich schneller ein und hilft, den Psalm bald auswendig und so auch leichter 'inwendig' zu beten.

ARBEITSHILFEN

VERSCHIEDENE WEISEN DES PSALMENSINGENS

Schon in der Liturgie des alten Israel wurden Psalmen gesungen. Sehr früh entwickelten sich auch in der jungen Kirche bestimmte Weisen, die Psalmen zu singen. Bereits im 6. Jahrhundert hatte sich die heute bekannte gregorianische Psalmodie herausgebildet, in der die Psalmen in einfachen Tonfolgen sprechend gesungen werden. Die im vorigen Kapitel beschriebene Weise des Psalmensingens fußt weitgehend auf dieser gregorianischen Weise.

1. Die einstimmige gregorianische Psalmodie und ihre Harmonisierung durch Maxime Kovalevsky

Der Komponist Maxime Kovalevsky ist orthodoxer Christ und wirkt seit Jahren in Paris. Er verbindet die mehrstimmige Harmonisierung der ostkirchlichen Musik mit den einstimmigen gregorianischen Melodien des Westens. Dabei ist er bemüht, den Charakter der gregorianischen Melodien nicht zu verändern, sondern ihn zu unterstreichen, um auf diese Weise mit der Musik dem biblischen Text zu dienen.

Unter den Stücken unserer Liturgie, den Wochenpsalmen und den Gesängen des 3. Teils werden die meisten in der Harmonisierung von M. Kovalevsky gesungen.[1]

Ausgangspunkt für die musikalische Gestaltung des Psalmensingens ist bei Kovalevsky die einstimmige gregorianische Psalmodie mit ihren neun Psalmtönen.

Je nach Charakter eines Psalms werden die Psalmtöne ausgesucht. Einen Klagepsalm z. B. wird man auf dem 3. Ton singen, einen Festpsalm eher auf Ton 7 oder Ton 8. Abgesehen vom Peregrinus, der seltener verwendet wird, haben jeweils zwei Psalmtöne einen ähnlichen Charakter, der eine feierlicher, der andere schlichter.

Im folgenden nun die einstimmige gregorianische Psalmton-Tafel:

[1] Weitere Erläuterungen und Beispiele finden Sie in:

Kovalevsky-Psalmen. Zu den Festzeiten der Kirche, für mehrstimmigen Chorgesang; mit Erläuterungen und Formeln der mehrstimmigen gregorianischen Psalmodien

Musik-Cassette 'Psalmen nach Kovalevsky'

Musik-Cassette 'O Tag des Jubels'. Mit festlichen Gesängen zum Gottesdienst nach Kovalevsky u. a.

Alle erschienen im Präsenz-Verlag der Jesus-Bruderschaft

Psalmton-Tafel (die angegebenen Tonhöhen sind nicht absolut zu verstehen)

1 = Der Auftakt wird nur beim ersten Vers und dem »Ehre sei dem Vater . . .« gesungen

2 a + b = Zeile 1 bei Dreizeilern

3 a + b = Zeile 1 bei Zweizeilern bzw. Zeile 2 bei Dreizeilern

4 a + b = Zeile 2 bei Zweizeilern bzw. Zeile 3 bei Dreizeilern

2. Die Psalmodie von P. Joseph Gelineau

Auch mehrstimmige Psalmodien von Gelineau können in der Melodiestimme (= Sopranstimme) einstimmig gesungen werden. Inspiriert sind sie durch die rhythmische Sprache der hebräischen Dichtung. Ein fester gleichmäßiger Rhythmus prägt den Fluß von Sprache und Melodie.[2]

Der Sprech- und Singrhythmus ist durch die Unterstreichungen der Silben in der jeweiligen Zeile angegeben, wobei Zeilen mit zwei, drei und vier Betonungen vorkommen. Stehen viele Silben zwischen den Unterstreichungen, so wird der Text schneller gesungen; bei wenigen Silben entsprechend langsamer. Es ist jedoch immer darauf zu achten, daß der Gesang rhythmisch verläuft.

Gelineau hat die Psalmen in unterschiedliche Strophen von drei bis sechs Zeilen zusammengefaßt. Diese Zeilen sind in der Psalmodie jeweils durch die großen Buchstaben A B C D E F gekennzeichnet. Die Noten zwischen zwei Taktstrichen entsprechen einer Verszeile im Psalm.

Beispiel einer vierzeiligen Strophe mit dem Rhythmus von drei bzw. zwei Betonungen pro Zeile:

Psalm 121

[2] Weitere Erläuterungen und Beispiele finden Sie in:

Psalmen und biblische Lieder. Die 150 Psalmen und 18 biblische Lieder, mit einstimmigen Psalmodien von P. Joseph Gelineau

Psalmen zum Kirchenjahr. Mit mehrstimmigen Psalmodien von Gelineau und Antiphonen von Kantor Jürgen Klenk, für gemischten Chor (neue Textbearbeitung)

Einführung für Chorleiter in die Gelineau-Psalmodie von Kantor J. Klenk und Br. Johannes Junger (Br. v. g. L.)

Musik-Cassette 'Psalmen nach Gelineau'

Musik-Cassette 'O Tag des Jubels'. Mit festlichen Gesängen nach Gelineau, Kovalevsky u. a.

Alle erschienen im Präsenz-Verlag der Jesus-Bruderschaft. Deutsche Textbearbeitung: Arbeitskreis unter Leitung von Br. Johannes Junger (Br. v. g. L.)

- Viertelnotenwerte am Anfang einer Verszeile = auf diesem Ton werden die Silben vor der ersten unterstrichenen Silbe gesungen
- Ganze Notenwerte = gesungener Ton von der ersten unterstrichenen Silbe bis vor die nächste unterstrichene Silbe
- Viertel- bzw. Halbnoten zwischen den ganzen Notenwerten = betreffen die jeweils vor der nächsten unterstrichenen Silbe liegenden Silben

3. Besonders einfache Psalmodien

Sämtliche Psalmen können auch nach den folgenden einfachen Psalmtönen gesungen werden:

3.1 Rezitationston nach Kovalevsky (fünfstimmig)

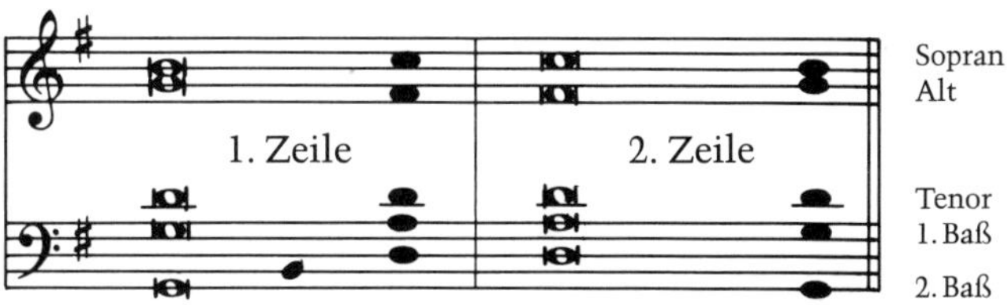

- Grundton, auf dem der Text der jeweiligen Zeile bis zur vorletzten Silbe gesungen wird (beim 2. Baß in der 1. Zeile bis zur drittletzten Silbe).
- Die letzte Silbe der jeweiligen Zeile wird auf diesen Ton gesungen. Dies ist gleichzeitig der Rezitationston der folgenden Zeile. Beim Baß erfolgt der Tonwechsel schon in der vorletzten Silbe der 1. Zeile (Note h).

Beispiel:

Ps 37

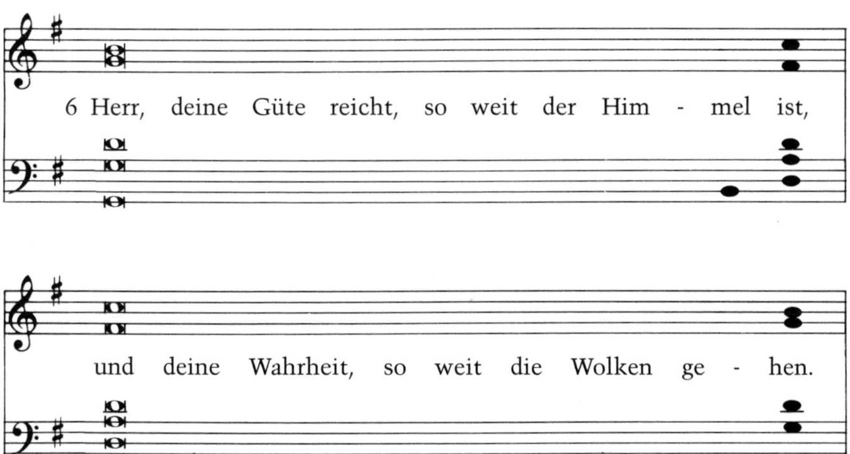

Bei Dreizeilern werden entweder die beiden ersten Zeilen oder die zweite und dritte Zeile zusammen gesungen; es sollte dabei auf den Textzusammenhang geachtet werden.

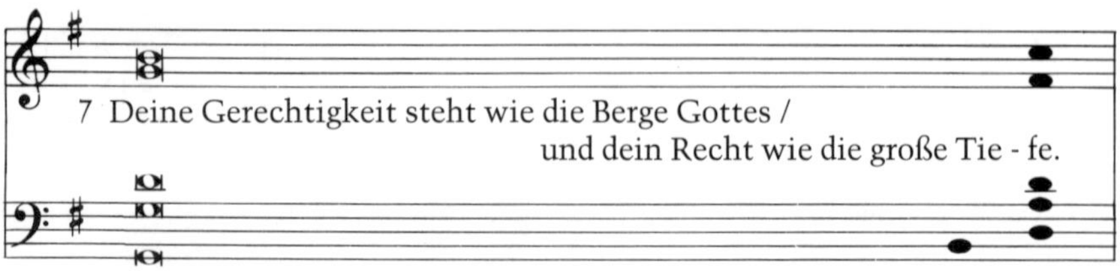

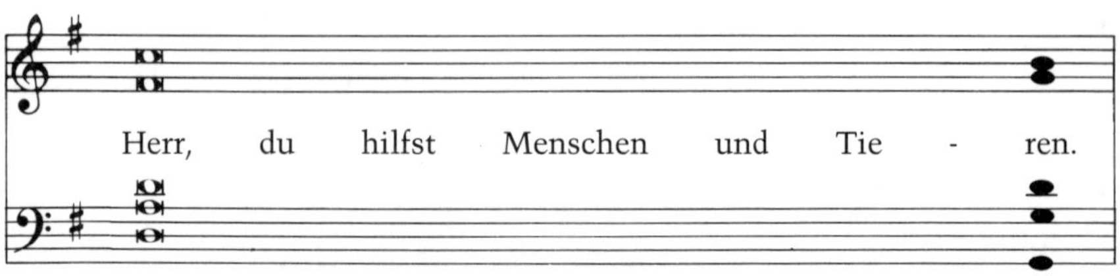

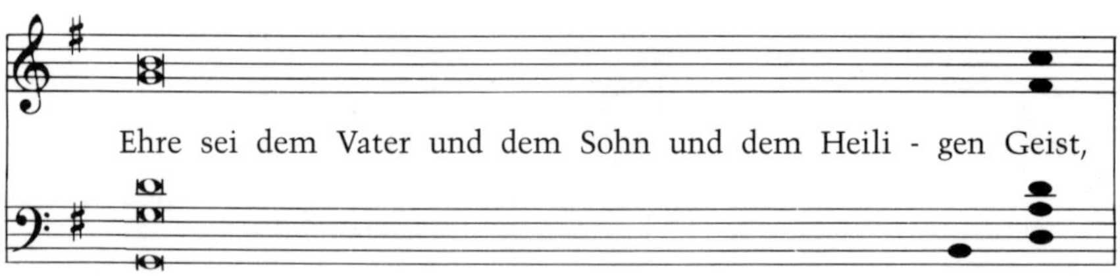

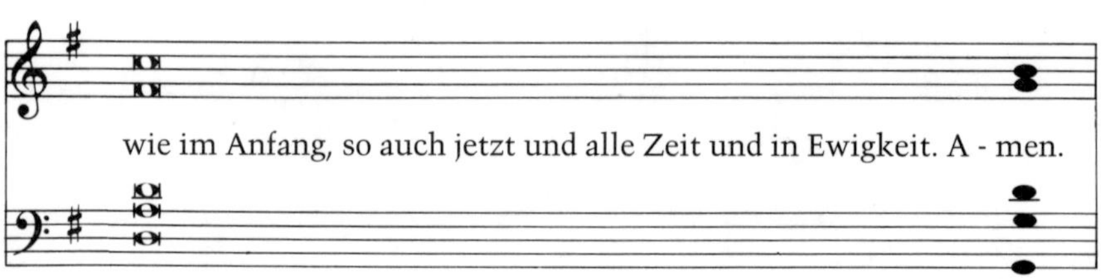

3.2 Psalmodien mit Gitarrenbegleitung (einstimmig)

Psalmtöne:

Morgen

Abend 1

Abend 2

Komplet

Advent

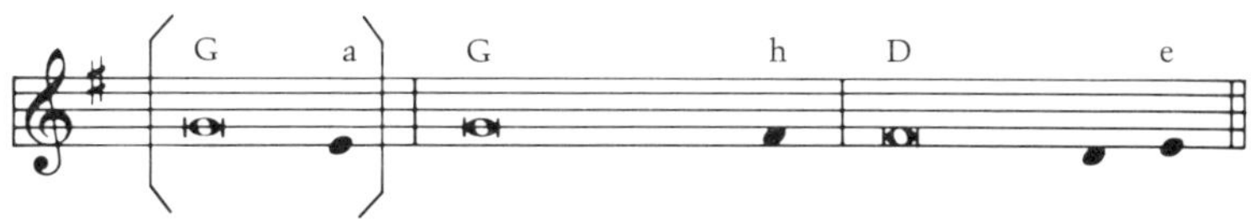

Passion

Weihnachten/
Ostern

Erläuterung:

 = Ton, auf dem der Text der jeweiligen Zeile gesungen wird

 = Noten, die den Zeilenschluß bilden: Mit der jeweils letzten betonten Wortsilbe einer Zeile wird auf die letzte Note dieser Zeile gewechselt. Hat der Zeilenschluß zwei oder drei Noten, so beginnt er entsprechend eine oder zwei Silben vorher.

Beispiel:

Ton für Komplet (Ps 4,2)

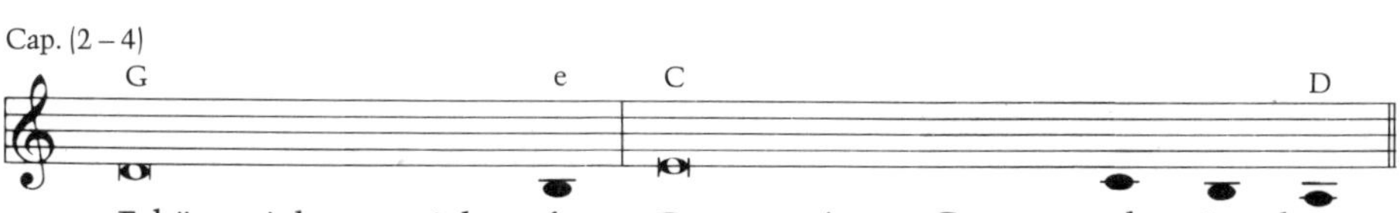

Erhöre mich, wenn ich ru - fe, Gott meiner Ge - rech - tig - keit,

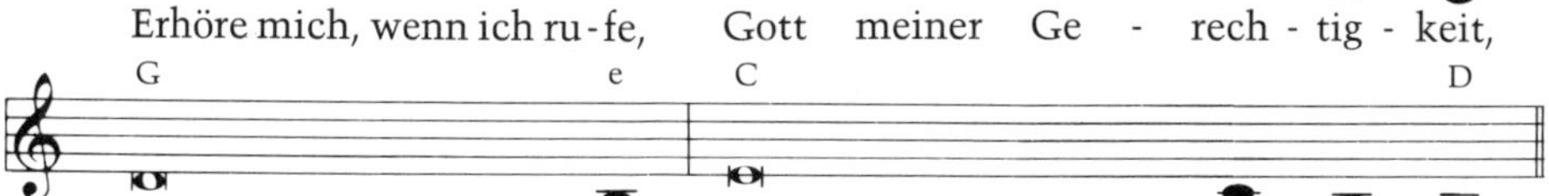

der du mich tröstest in Angst; sei mir gnädig und erhöre mein Ge - bet!

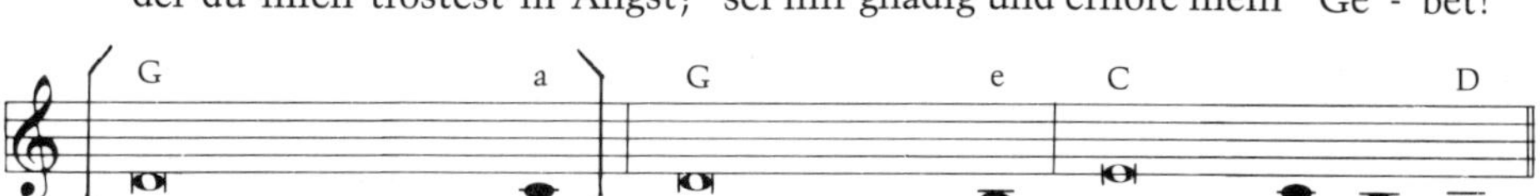

Ehre sei dem Vater / wie im Anfang, / und in
und dem Sohn / so auch jetzt / Ewig - keit. A - men.
und dem Heiligen Geist / und alle Zeit

ERLÄUTERUNG DER UNTERSTREICHUNGEN UND ZEICHEN

> = betont gesungene Silbe

_ = unterstrichene Silben

Bei Gelineau-Psalmen (Psalmen: 1, 19, 27, 33, 42, 47, 66, 85, 95, 113, 121, 126, 23 und Jesus-Psalm) siehe Erläuterung auf Seite 124.

Bei allen anderen Psalmen zeigt die unterstrichene Silbe den Beginn des Zeilenschlusses jeder Zeile an. Ausnahme: in Zeile 1 beim Dreizeiler bezeichnet die Unterstreichung den Tonwechsel in der Melodiestimme.

Beispiel:

Ton 6

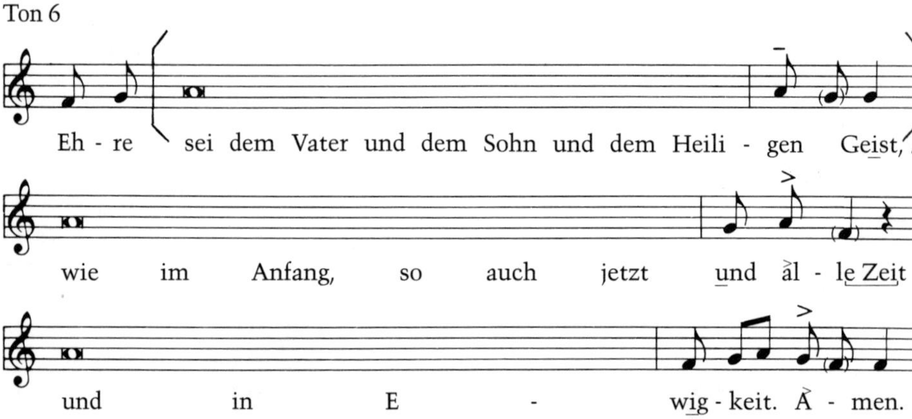

└─┘ = zusammengeklammerte Silben im Text bedeuten: Auf eine ♩ bzw. zwei ♫ Noten der Psalmodie werden zwei Silben ♪ ♪ gesungen, bzw. die in der Psalmodie eingeklammerte Note (♪) wird mitgesungen.

Beispiel:

Ton 6 (Ps 8,6)

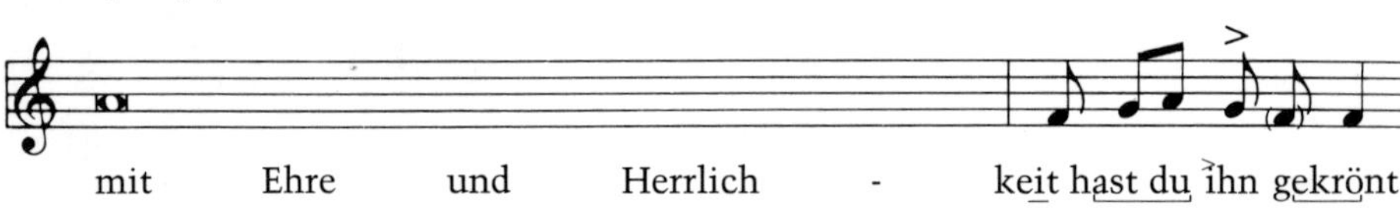

- Ein Punkt unter einer Silbe bei mehrstimmigen Psalmodien bezeichnet den Tonwechsel: im Tenor bei Ton 3 und im Baß bei Ton 8.

Beispiel:

Ton 3 (Ps 134)

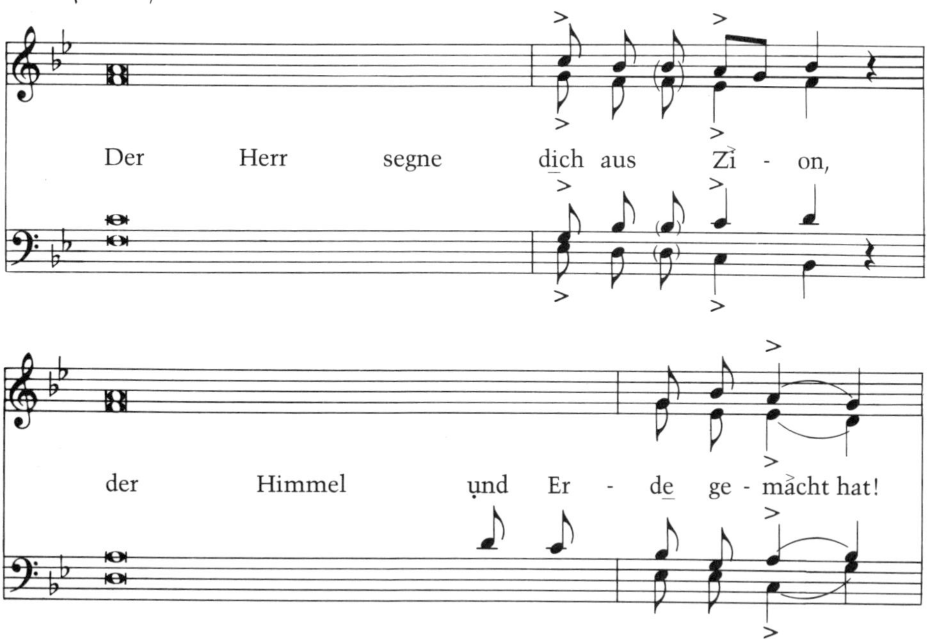

Ton 8 (Ps 91)

Advent

1. Sonntag im Advent

Psalm 24

Antiphon – Ton 4

Melodie im Baß

Psalmodie – Ton 4 (festliche Ausführung – s. Seite 10 ff. »Kovalevsky-Psalmen«)

Antiphon

1 Des Herrn ist die Erde und was sie erfüllt,
der Erdkreis und die darauf wohnen.

2 Er ist's, der sie auf Meere gegründet,
auf Strömen sie festgestellt hat.

3 »Wer darf hinaufziehen zum Berge des Herrn?
wer treten an seine heilige Stätte?«

4 »Wer reine Hände hat und ein lauteres Herz;
wer nicht auf Trug sinnt und nicht falsch schwört.

5 Der wird Segen von dem Herren empfangen
und Heil vom Gott seiner Hilfe.

6 Das ist das Geschlecht, das nach ihm fragt,
das dein Angesicht sucht, Gott Jakobs.«

7 Hebt hoch, ihr Tore, eure Häupter, /
erhöht euch, ihr uralten Pforten,
daß der König der Herrlichkeit komme!

8 »Wer ist denn der König der Herrlichkeit?« /
Der Herr, der Starke und Held,
der Herr, der Held im Streit!

9 Hebt hoch, ihr Tore, eure Häupter, /
erhöht euch, ihr uralten Pforten,
daß der König der Herrlichkeit komme!

10 »Wer ist denn der König der Herrlichkeit?« /
Der Herr der Heerscharen,
er ist der König der Herrlichkeit!

Ehre sei dem Vater und dem Sohne und dem Heiligen Geiste, /
wie es war im Anfang, jetzt und immerdar,
und von Ewigkeit zu Ewigkeit. Amen.

Antiphon

2. Sonntag im Advent

Psalm 80, 2–8. 15–20

Antiphon – Ton 2

Psalmodie – Ton 2

Antiphon

2 Du Hirte Israels, höre,
der du Joseph hütest wie Schafe!
Erscheine, der du thronst über den Cherubim,
3 vor Ephraim, Benjamin und Manasse!
Erwecke deine Kraft
und komm uns zu Hilfe!
4 Gott, tröste uns wieder
und laß leuchten dein Antlitz, so genesen wir.
5 Herr, Gott Zebaoth, wie lange willst du zürnen,
während dein Volk zu dir betet?
6 Du speisest sie mit Tränenbrot
und tränkest sie mit einem großen Krug voll Tränen.
7 Du lässest unsre Nachbarn sich um uns streiten,
und unsre Feinde verspotten uns.
8 Gott Zebaoth, tröste uns wieder;
laß leuchten dein Antlitz, so genesen wir.
15 Gott Zebaoth, wende dich doch!/
Schaue vom Himmel und sieh darein,
nimm dich dieses Weinstocks an!
16 Schütze doch, was deine Rechte gepflanzt hat,
den Sohn, den du dir großgezogen hast!
17 Sie haben ihn mit Feuer verbrannt wie Kehricht;
vor dem Drohen deines Angesichts sollen sie umkommen.
18 Deine Hand schütze den Mann deiner Rechten,
den Sohn, den du dir großgezogen hast.
19 So wollen wir nicht von dir weichen.
Laß uns leben, so wollen wir deinen Namen anrufen.
20 Herr, Gott Zebaoth, tröste uns wieder;
Laß leuchten dein Antlitz, so genesen wir.

Antiphon

Ehre sei dem Vater und dem Sohn und dem Heiligen Geist,/
wie im Anfang, so auch jetzt und alle Zeit
und in Ewigkeit. Amen.

Antiphon

3. Sonntag im Advent

Psalm 85

Antiphon

Psalmodie E 30 – Gelineau

Strophen mit 6 und 4 Zeilen – Rhythmus: 3 Betonungen pro Zeile

Antiphon

2 Einst hast du, Herr, dein Land begnadet,
heimgeführt die Gefangenen Jakobs,
3 du hast die Schuld deines Volkes getragen,
du hast all ihre Sünden bedeckt
4 und weggenommen deinen Grimm;
dich abgewandt von der Glut deines Zorns.

5 Führ' uns zurück, o Gott, unser Heiland;
laß ab von deinem Unmut gegen uns!
6 Willst ewiglich du über uns zürnen?
Soll währen dein Zorn für und für?

7 Willst du nicht wiederkehren, uns beleben?
Daß dein Volk an dir sich erfreue?
8 Erzeige uns, o Herr, deine Gnade,
und schenke uns dein Heil.

Antiphon

9 Ich will hören, was kündet der Herr:
Wahrhaft, er kündet den Frieden,
den Frieden seinem Volk, seinen Frommen,
allen, die sich von Herzen zu ihm kehren.
10 Sein Heil ist nahe denen, die ihn fürchten,
daß Herrlichkeit in unserm Lande wohne.

11 Huld und Treue begegnen einander,
Gerechtigkeit und Friede küssen sich.
12 Aus der Erde sprießet die Treue,
vom Himmel schaut Gerechtigkeit nieder.

13 Der Herr verleiht seinen Segen,
unser Land gibt seinen Ertrag.
14 Gerechtigkeit geht vor ihm einher,
und Heil folgt der Spur seiner Schritte.

Antiphon

Dem allmächtigen Vater sei Ehre,
seinem Sohn, unserm Herrn Jesus Christ,
und dem Geist, der da wohnt in den Herzen,
von Weltzeit zu Weltzeit. Amen.

Antiphon

4. Sonntag im Advent

Psalm 102, 13–23

Antiphon

Psalmodie – Rezitationston

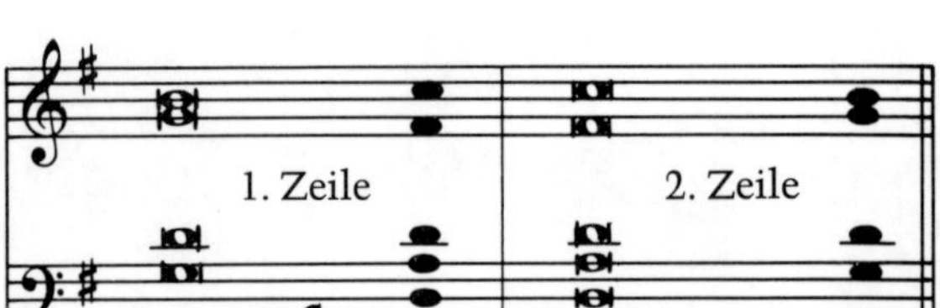

Antiphon

13 Du aber, Herr, bleibst ewiglich
und dein Name für und für.

14 Du wollest dich aufmachen und über Zion erbarmen;
denn es ist Zeit, daß du ihm gnädig seist, und die Stunde ist gekommen

15 – denn deine Knechte wollten gerne, daß es gebaut würde,
und es jammert sie, daß es in Trümmern liegt –,

16 daß die Heiden den Namen des Herrn fürchten
und alle Könige auf Erden deine Herrlichkeit.

17 Ja, der Herr baut Zion wieder
und erscheint in seiner Herrlichkeit.

18 Er wendet sich zum Gebet der Verlassenen
und verschmäht ihr Gebet nicht.

19 Das werde geschrieben für die Nachkommen;
und das Volk, das er schafft, wird den Herrn loben.

20 Denn er schaut von seiner heiligen Höhe,
der Herr sieht vom Himmel auf die Erde,

21 daß er das Seufzen der Gefangenen höre
und losmache die Kinder des Todes,

22 daß sie in Zion verkünden den Namen des Herrn
und sein Lob in Jerusalem,

23 wenn die Völker zusammenkommen
und die Königreiche, dem Herrn zu dienen.

Antiphon

Ehre sei dem Vater und dem Sohn und dem Heiligen Geist,
wie im Anfang, so auch jetzt und alle Zeit und in Ewigkeit. Amen.

Antiphon

Christfest und 1. Sonntag nach dem Christfest

Psalm 98

Antiphon – Ton 7

Psalmodie – Ton 7 (festliche Ausführung – s. S. 15 ff. »Kovalevsky-Psalmen«)

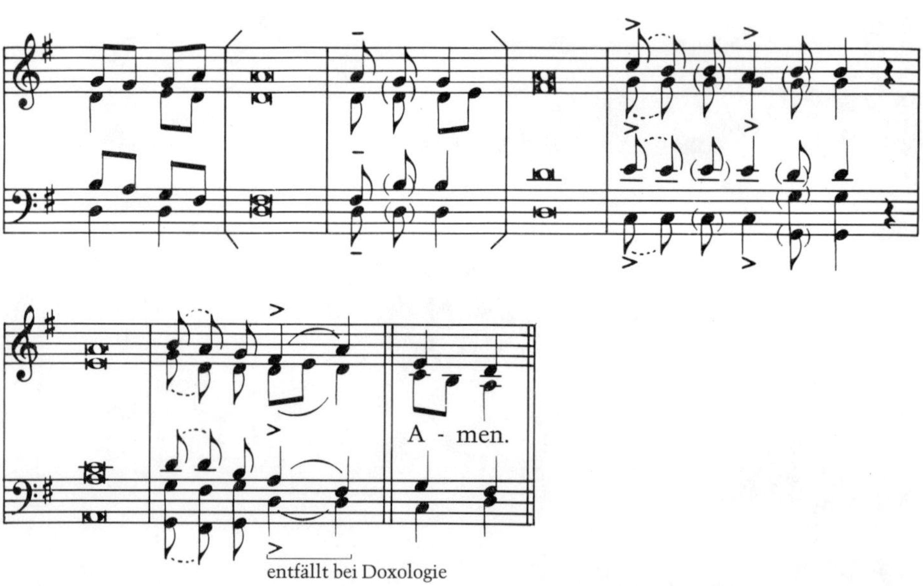

Weihnachten

Antiphon

1 Singet dem Herrn ein neues Lied!
Denn er hat Wunder getan;
seine Rechte hat ihm geholfen,
sein heiliger Arm.

2 Der Herr hat kundgetan seine Hilfe,
seine Gerechtigkeit offenbart vor den Augen der Völker.

3 Er hat seiner Gnade gegenüber Jakob gedacht, /
seiner Treue gegen das Haus Israel;
alle Enden der Erde haben geschaut unsres Gottes Hilfe.

4 Jauchzet dem Herrn, alle Lande! /
Brecht in Jubel aus und spielt!
5 Spielt dem Herrn auf der Harfe,
auf der Harfe mit lautem Gesang! /
6 Bei Trompeten- und Hörnerschall
jauchzt vor dem König, dem Herrn!

7 Es donnere das Meer und was es erfüllt,
der Erdkreis und die darauf wohnen!

8 Die Ströme sollen in die Hände klatschen /
und die Berge allzumal jubeln
9 vor dem Antlitz des Herrn;
denn er kommt, die Erde zu richten. /
Er richtet den Erdkreis gerecht
und die Völker getreu.

Ehre sei dem Vater und dem Sohne und dem Heiligen Geiste, /
wie es war im Anfang, jetzt und immerdar,
und von Ewigkeit zu Ewigkeit. Amen.

Antiphon

Altjahresabend

Psalm 121

Antiphon

Psalmodie A 52 – Gelineau

Strophen mit 4 Zeilen – Rhythmus: 3 und 2 Betonungen

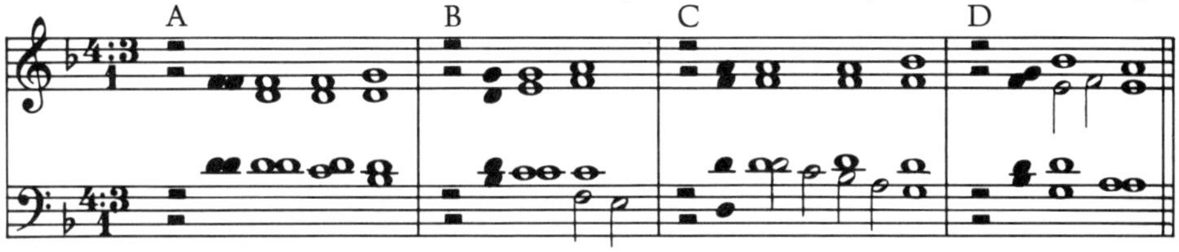

Antiphon

1 Ich erhebe meine Augen zu den Bergen;
woher kommt mir Hilfe?
2 Meine Hilfe kommt von dem Herrn,
der Himmel und Erde schuf.

3 Er läßt deinen Fuß nicht gleiten,
der dich behütet, schläft nicht.
4 Siehe, der Hüter Israels schläft nicht
noch schlummert nicht.

5 Der Herr behütet dich, er ist dein Schatten
über deiner rechten Hand,
6 daß dich des Tages die Sonne nicht steche
noch der Mond des Nachts.

7 Der Herr behüte dich vor allem Übel,
er behüte deine Seele;
8 er behüte deinen Ausgang und Eingang
von nun an bis in Ewigkeit.

Antiphon

Ehre dem Vater, dem Sohn, dem Heil'gen Geist,
jetzt und immerdar;
dem Gott, der ist, der da war und der da kommt,
von Weltzeit zu Weltzeit.

Antiphon

Neujahr

Psalm 8, 2–10

Antiphon – Ton 6

Psalmodie – Ton 6

Antiphon

2 Herr, unser Herrscher, wie herrlich ist dein Name in allen Landen,
der du zeigst deine Hoheit am Himmel!

3 Aus dem Munde der jungen Kinder und Säuglinge, /
hast du eine Macht zugerichtet um deiner Feinde willen,
daß du vertilgest den Feind und den Rachgierigen.

4 Wenn ich sehe die Himmel, deiner Finger Werk,
den Mond und die Sterne, die du bereitet hast:

5 was ist der Mensch, daß du seiner gedenkst,
und des Menschen Kind, daß du dich seiner annimmst?

6 Du hast ihn wenig niedriger gemacht als Gott,
mit Ehre und Herrlichkeit hast du ihn gekrönt.

7 Du hast ihn zum Herrn gemacht über deiner Hände Werk,
alles hast du getan unter seine Füße:

8 Schafe und Rinder allzumal,
dazu auch die wilden Tiere,

9 die Vögel unter dem Himmel und die Fische im Meer
und alles, was die Meere durchzieht.

10 Herr, unser Herrscher,
wie herrlich ist dein Name in allen Landen!

Antiphon

Ehre sei dem Vater und dem Sohn und dem Heiligen Geist, /
wie im Anfang, so auch jetzt und alle Zeit
und in Ewigkeit. Amen.

Antiphon

2. Sonntag nach dem Christfest und Epiphanias

Psalm 100

Antiphon – Ton 5

Psalmodie – Ton 5 (festliche Ausführung – s. S. 20 ff. »Kovalevsky-Psalmen«)

Antiphon

Jauchzet dem Herrn, alle Lande! /
2 Dienet dem Herrn mit Freuden,
kommt vor sein Angesicht mit Frohlocken!

3 Erkennet, daß der Herr allein Gott ist: /
er hat uns gemacht, und sein sind wir,
sein Volk und die Schafe seiner Weide.

4 Ziehet ein durch seine Tore mit Danken, /
in seine Vorhöfe mit Lobgesang;
danket ihm, preist seinen Namen!

5 Denn der Herr ist gütig; /
ewig währt seine Gnade
und seine Treue von Geschlecht zu Geschlecht.

Ehre sei dem Vater und dem Sohne und dem Heiligen Geiste, /
wie es war im Anfang, jetzt und immerdar,
und von Ewigkeit zu Ewigkeit. Amen.

Antiphon

1. Sonntag nach Epiphanias

Psalm 89, 2–6. 14–18

Antiphon – Ton 8

Psalmodie – Ton 8

Antiphon

2 Ich will singen von der Gnade des Herrn ewiglich
und seine Treue verkünden mit meinem Munde für und für;

3 denn ich sage: Für ewig steht die Gnade fest;
du gibst deiner Treue sicheren Grund im Himmel.

4 »Ich habe einen Bund geschlossen mit meinem Auserwählten,
ich habe David, meinem Knechte geschworen:

5 Ich will deinem Geschlecht festen Grund geben auf ewig
und deinen Thron bauen für und für.«

6 Und die Himmel werden, Herr, deine Wunder preisen
und deine Treue in der Gemeinde der Heiligen.

14 Du hast einen gewaltigen Arm,
stark ist deine Hand, und hoch ist deine Rechte.

15 Gerechtigkeit und Gericht sind deines Thrones Stütze,
Gnade und Treue gehen vor dir einher.

16 Wohl dem Volk, das jauchzen kann!
Herr, sie werden im Licht deines Antlitzes wandeln;

17 sie werden über deinen Namen täglich fröhlich sein
und in deiner Gerechtigkeit herrlich sein.

18 Denn du bist der Ruhm ihrer Stärke,
und durch deine Gnade wirst du unser Haupt erhöhen.

Antiphon

Ehre sei dem Vater und dem Sohn und dem Heiligen Geist, /
wie im Anfang, so auch jetzt und alle Zeit
und in Ewigkeit. Amen.

Antiphon

2. Sonntag nach Epiphanias

Psalm 105, 1–8

Antiphon – Ton 7

Psalmodie – Ton 7

Antiphon

1 Danket dem Herrn und rufet an seinen Namen;
verkündigt sein Tun unter den Völkern!

2 Singet und spielet ihm,
redet von allen seinen Wundern!

3 Rühmet seinen heiligen Namen;
es freue sich das Herz derer, die den Herrn suchen!

4 Fraget nach dem Herrn und nach seiner Macht,
suchet sein Antlitz allezeit!

5 Gedenket seiner Wunderwerke, die er getan hat,
seiner Zeichen und der Urteile seines Mundes,

6 du Geschlecht Abrahams, seines Knechts,
ihr Söhne Jakobs, seine Auserwählten!

7 Er ist der Herr, unser Gott,
er richtet in aller Welt.

8 Er gedenkt ewiglich an seinen Bund,
an das Wort, das er verheißen hat für tausend Geschlechter.

Antiphon

Ehre sei dem Vater und dem Sohn und dem Heiligen Geist, /
wie im Anfang, so auch jetzt und alle Zeit
und in Ewigkeit. Amen.

Antiphon

3. Sonntag nach Epiphanias

Psalm 86, 1–11. 17

Antiphon – Ton 2

Psalmodie – Ton 2

Antiphon

1 Herr, neige deine Ohren und erhöre mich;
denn ich bin elend und arm.

2 Bewahre meine Seele, denn ich bin dein. /
Hilf du, mein Gott, deinem Knechte,
der sich verläßt auf dich.

3 Herr, sei mir gnädig;
denn ich rufe täglich zu dir.

4 Erfreue die Seele deines Knechts;
denn nach dir, Herr, verlangt mich.

5 Denn du, Herr, bist gut und gnädig,
von großer Güte allen, die dich anrufen.

6 Vernimm, Herr, mein Gebet
und merke auf die Stimme meines Flehens!

7 In der Not rufe ich dich an;
du wollest mich erhören!

8 Herr, es ist dir keiner gleich unter den Göttern,
und niemand kann tun, was du tust.

9 Alle Völker, die du gemacht hast, werden kommen /
und vor dir anbeten,
Herr, und deinen Namen ehren,

10 daß du so groß bist und Wunder tust
und du allein Gott bist.

11 Weise mir, Herr, deinen Weg, /
daß ich wandle in deiner Wahrheit;
erhalte mein Herz bei dem einen, daß ich deinen Namen fürchte.

17 Tu ein Zeichen an mir,
daß du's gut mit mir meinst,

daß es sehen, die mich hassen, und sich schämen,
weil du mir beistehst, Herr, und mich tröstest.

Antiphon

Ehre sei dem Vater und dem Sohn und dem Heiligen Geist, /
wie im Anfang, so auch jetzt und alle Zeit
und in Ewigkeit. Amen.

Antiphon

4. Sonntag nach Epiphanias

Psalm 107, 1–2. 23–32

Antiphon – Ton 5

Psalmodie – Ton 5

Antiphon

1 Danket dem Herrn; denn er ist freundlich,
und seine Güte währet ewiglich.

2 So sollen sagen, die erlöst sind durch den Herrn,
die er aus der Not erlöst hat,

23 Die mit Schiffen auf dem Meere fuhren
und trieben ihren Handel auf großen Wassern,

24 die des Herrn Werke erfahren haben
und seine Wunder auf dem Meer,

25 wenn er sprach und einen Sturmwind erregte,
der die Wellen erhob,

26 und sie gen Himmel fuhren und in den Abgrund sanken,
daß ihre Seele vor Angst verzagte,

27 daß sie taumelten und wankten wie ein Trunkener
und wußten keinen Rat mehr,

28 die dann zum Herrn schrien in ihrer Not,
und er führte sie aus ihren Ängsten

29 und stillte das Ungewitter,
daß die Wellen sich legten

30 und sie froh wurden, daß es still geworden war
und er sie zum erwünschten Lande brachte:

31 die sollen dem Herrn danken für seine Güte /
und für seine Wunder,
die er an den Menschenkindern tut,

32 und ihn in der Gemeinde preisen
und bei den Alten rühmen.

Antiphon

Ehre sei dem Vater und dem Sohn und dem Heiligen Geist, /
wie im Anfang, so auch jetzt und alle Zeit
und in Ewigkeit. Amen. Amen.

Antiphon

5. Sonntag nach Epiphanias

Psalm 37, 1–7

Antiphon – Ton 1

Psalmodie – Ton 1

Antiphon

1 Entrüste dich nicht über die Bösen,
sei nicht neidisch auf die Übeltäter.

2 Denn wie das Gras werden sie bald verdorren,
und wie das grüne Kraut werden sie verwelken.

3 Hoffe auf den Herrn und tu Gutes,
bleibe im Lande und nähre dich redlich.

4 Habe deine Lust am Herrn;
der wird dir geben, was dein Herz wünscht.

5 Befiehl dem Herrn deine Wege
und hoffe auf ihn, er wird's wohl machen

6 und wird deine Gerechtigkeit heraufführen wie das Licht /
und dein Recht wie den Mittag.
7 Sei stille dem Herrn und warte auf ihn.

Antiphon

Ehre sei dem Vater und dem Sohn und dem Heiligen Geist, /
wie im Anfang, so auch jetzt und alle Zeit
und in Ewigkeit. Amen.

Antiphon

Letzter Sonntag nach Epiphanias
Psalm 97

Antiphon – Ton 8

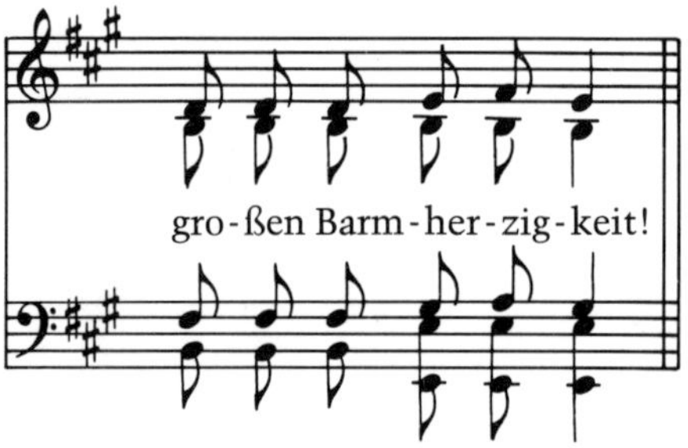

Psalmodie – Ton 8

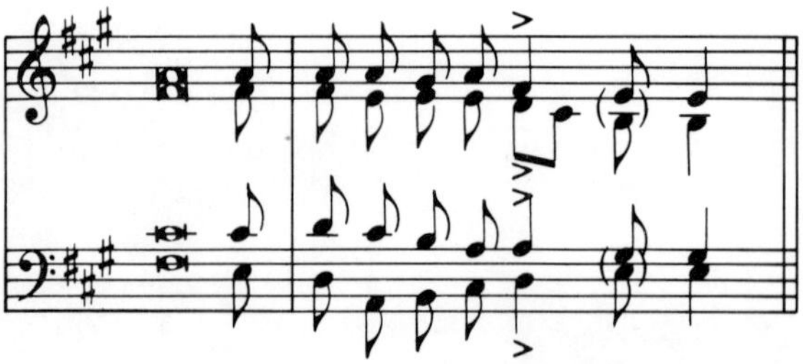

Antiphon

1 Der Herr ist König; /
des freue sich das Erdreich
und seien fröhlich die Inseln, soviel ihrer sind.

2 Wolken und Dunkel sind um ihn her,
Gerechtigkeit und Gericht sind seines Thrones Stütze.

3 Feuer geht vor ihm her
und verzehrt ringsum seine Feinde.

4 Seine Blitze erleuchten den Erdkreis,
das Erdreich sieht es und erschrickt.

5 Berge zerschmelzen wie Wachs vor dem Herrn,
vor dem Herrscher der ganzen Erde.

6 Die Himmel verkündigen seine Gerechtigkeit,
und seine Herrlichkeit sehen alle Völker.

7 Schämen sollen sich alle, die den Bildern dienen /
und sich der Götzen rühmen.
Betet ihn an, alle Götter!

8 Zion hört es und ist froh, /
und die Töchter Judas sind fröhlich,
weil du, Herr, recht regierest.

9 Denn du, Herr, bist der Höchste über allen Landen,
du bist hoch erhöht über alle Götter.

10 Die ihr den Herrn liebet, hasset das Arge! /
Der Herr bewahrt die Seelen seiner Heiligen;
aus der Hand der Gottlosen wird er sie erretten.

11 Dem Gerechten muß das Licht immer wieder aufgehen
und Freude den frommen Herzen.

12 Ihr Gerechten, freut euch des Herrn
und danket ihm und preiset seinen heiligen Namen!

Antiphon

Ehre sei dem Vater und dem Sohn und dem Heiligen Geist, /
wie im Anfang, so auch jetzt und alle Zeit
und in Ewigkeit. Amen.

Antiphon

3. Sonntag vor der Passionszeit – Septuagesimae

Psalm 31, 20–25

Antiphon – Ton 2

Psalmodie – Ton 2

Antiphon

20 Wie groß ist deine Güte, Herr, /
die du bewahrt hast denen, die dich fürchten,
und erweisest vor den Leuten denen, die auf dich trauen!

21 Du birgst sie in deinem Schutz vor den Rotten der Leute,
du deckst sie in der Hütte vor den zänkischen Zungen.

22 Gelobt sei der Herr; /
denn er hat seine wunderbare Güte mir erwiesen
in einer festen Stadt.

23 Ich sprach wohl in meinem Zagen:
Ich bin von deinen Augen verstoßen.

Doch du hörtest die Stimme meines Flehens,
als ich zu dir schrie.

24 Liebet den Herrn, alle seine Heiligen! /
Die Gläubigen behütet der Herr
und vergilt reichlich dem, der Hochmut übt.

25 Seid getrost und unverzagt alle,
die ihr des Herrn harret!

Antiphon

Ehre sei dem Vater und dem Sohn und dem Heiligen Geist, /
wie im Anfang, so auch jetzt und alle Zeit
und in Ewigkeit. Amen.

Antiphon

2. Sonntag vor der Passionszeit – Sexagesimae

Psalm 119, 89–91. 105. 116

Antiphon – Ton 6

Psalmodie – Ton 6

Antiphon

89 Herr, dein Wort bleibt ewiglich,
so weit der Himmel reicht;

90 deine Wahrheit währet für und für.
Du hast die Erde fest gegründet, und sie bleibt stehen.

91 Sie steht noch heute nach deinen Ordnungen;
denn es muß dir alles dienen.

105 Dein Wort ist meines Fußes Leuchte
und ein Licht auf meinem Wege.

116 Erhalte mich durch dein Wort, daß ich lebe,
und laß mich nicht zuschanden werden in meiner Hoffnung.

Antiphon

Ehre sei dem Vater und dem Sohn und dem Heiligen Geist, /
wie im Anfang, so auch jetzt und alle Zeit
und in Ewigkeit. Amen.

Antiphon

1. Sonntag vor der Passionszeit – Estomihi

Psalm 31, 2–9

Antiphon – Ton 3

Psalmodie – Ton 3

Antiphon

2 Herr, auf dich traue ich, /
laß mich nimmermehr zuschanden werden,
errette mich durch deine Gerechtigkeit!

3 Neige deine Ohren zu mir, hilf mir eilends! /
Sei mir ein starker Fels
und eine Burg, daß du mir helfest!

4 Denn du bist mein Fels und meine Burg, /
und um deines Namens willen
wollest du mich leiten und führen.

5 Du wollest mich aus dem Netze ziehen, /
das sie mir heimlich stellten;
denn du bist meine Stärke.

6 In deine Hände befehle ich meinen Geist;
du hast mich erlöst, Herr, du treuer Gott.

7 Ich hasse, die sich halten an nichtige Götzen;
ich aber hoffe auf den Herrn.

8 Ich freue mich und bin fröhlich über deine Güte, /
daß du mein Elend ansiehst
und nimmst dich meiner an in Not

9 und übergibst mich nicht in die Hände des Feindes;
du stellst meine Füße auf weiten Raum.

Antiphon

Ehre sei dem Vater und dem Sohn und dem Heiligen Geist, /
wie im Anfang, so auch jetzt und alle Zeit
und in Ewigkeit. Amen. Amen.

Antiphon

Aschermittwoch – Psalm 130 (s. Buß- und Bettag Seite 221)

1. Sonntag der Passionszeit – Invokavit

Psalm 91, 1–4. 11–12

Antiphon – Ton 8

Psalmodie – Ton 8

Antiphon

1 Wer unter dem Schirm des Höchsten sitzt
und unter dem Schatten des Allmächtigen bleibt,

2 der spricht zu dem Herrn: /
Meine Zuversicht und meine Burg,
mein Gott, auf den ich hoffe.

3 Denn er errettet dich vom Strick des Jägers
und von der verderblichen Pest.

4 Er wird dich mit seinen Fittichen decken, /
und Zuflucht wirst du haben unter seinen Flügeln.
Seine Wahrheit ist Schirm und Schild.

11 Denn er hat seinen Engeln befohlen,
daß sie dich behüten auf allen deinen Wegen,

12 daß sie dich auf den Händen tragen
und du deinen Fuß nicht an einen Stein stößest.

Antiphon

Ehre sei dem Vater und dem Sohn und dem Heiligen Geist, /
wie im Anfang, so auch jetzt und alle Zeit
und in Ewigkeit. Amen.

Antiphon

2. Sonntag der Passionszeit – Reminiscere

Psalm 25, 1–11

Antiphon – Ton 2

Psalmodie – Ton 2 (gesonderte Ausführung – s. S. 23 ff. »Kovalevsky-Psalmen«)

Antiphon

1 Zu dir, o Herr, /
erhebe ich meine Seele,
deiner harre ich allezeit, mein Gott.

2 Auf dich vertraue ich, /
laß mich nicht zuschanden werden,
laß meine Feinde nicht über mich frohlocken.

3 Nein, keiner, der auf dich harrt, /
wird zuschanden;
zuschanden werden die schnöden Verräter.

4 Zeige mir, o Herr, /
deine Wege,
deine Pfade lehre mich.

5 Leite mich in deiner Wahrheit, /
lehre mich;
denn du bist der Gott meines Heils.

6 Gedenke, o Herr, /
deiner Barmherzigkeit und deiner Gnaden,
die von Ewigkeit her sind.

7 Der Sünden meiner Jugend gedenke nicht; /
nach deiner Gnade gedenke mein,
o Herr, um deiner Güte willen.

8 Der Herr ist gütig und gerecht;
darum weist er Irrenden den Weg.

9 Er läßt die Frommen /
wandeln nach dem Rechte,
er lehrt die Gebeugten seinen Weg.

10 Alle Pfade des Herrn /
sind Huld und Treue
denen, die seinen Bund und seine Gesetze halten.

11 Um deines Namens willen, Herr,
verzeihe meine Schuld, denn sie ist groß.

Ehre sei dem Vater und dem Sohne und dem Heiligen Geiste,
wie es war im Anfang, jetzt und immerdar, und von Ewigkeit zu Ewigkeit. Amen.

Antiphon

3. Sonntag der Passionszeit – Okuli

Psalm 34, 16–23

Antiphon – Ton 1

Psalmodie – Ton 1

Antiphon

16 Die Augen des Herrn merken auf die Gerechten
und seine Ohren auf ihr Schreien.

17 Das Angesicht des Herrn steht wider alle, die Böses tun,
daß er ihren Namen ausrotte von der Erde.

18 Wenn die Gerechten schreien, so hört der Herr
und errettet sie aus all ihrer Not.

19 Der Herr ist nahe denen, die zerbrochenen Herzens sind,
und hilft denen, die ein zerschlagenes Gemüt haben.

20 Der Gerechte muß viel erleiden,
aber aus alledem hilft ihm der Herr.

21 Er bewahrt ihm alle seine Gebeine,
daß nicht eines zerbrochen wird.

22 Den Gottlosen wird das Unglück töten,
und die den Gerechten hassen, fallen in Schuld.

23 Der Herr erlöst das Leben seiner Knechte,
und alle, die auf ihn trauen, werden frei von Schuld.

Antiphon

Ehre sei dem Vater und dem Sohn und dem Heiligen Geist, /
wie im Anfang, so auch jetzt und alle Zeit
und in Ewigkeit. Amen.

Antiphon

4. Sonntag der Passionszeit – Lätare

Psalm 84, 6–13

Antiphon – Ton 3

Psalmodie – Ton 3

Antiphon

6 Wohl den Menschen, die dich für ihre Stärke halten
und von Herzen dir nachwandeln!

7 Wenn sie durchs dürre Tal ziehen, /
wird es ihnen zum Quellgrund,
und Frühregen hüllt es in Segen.

8 Sie gehen von einer Kraft zur andern
und schauen den wahren Gott in Zion.

9 Herr, Gott Zebaoth, höre mein Gebet;
vernimm es, Gott Jakobs!

10 Gott, unser Schild, schaue doch;
sieh doch an das Antlitz deines Gesalbten!

11 Denn ein Tag in deinen Vorhöfen
ist besser als sonst tausend.
Ich will lieber die Tür hüten in meines Gottes Hause,
als wohnen in der Gottlosen Hütten.
12 Denn Gott der Herr ist Sonne und Schild; /
der Herr gibt Gnade und Ehre.
Er wird kein Gutes mangeln lassen den Frommen.
13 Herr Zebaoth, wohl dem Menschen,
der sich auf dich verläßt!

Antiphon

Ehre sei dem Vater und dem Sohn und dem Heiligen Geist, /
wie im Anfang, so auch jetzt und alle Zeit
und in Ewigkeit. Amen. Amen.

Antiphon

5. Sonntag der Passionszeit – Judika

Psalm 43

Antiphon – Ton 2

Psalmodie – Ton 2

Antiphon

1 Gott, schaffe mir Recht /
und führe meine Sache wider das unheilige Volk
und errette mich von den falschen und bösen Leuten!

2 Denn du bist der Gott meiner Stärke:
Warum hast du mich verstoßen?

Warum muß ich so traurig gehen,
wenn mein Feind mich dränget?

3 Sende dein Licht und deine Wahrheit, daß sie mich leiten /
und bringen zu deinem heiligen Berg
und zu deiner Wohnung,

4 daß ich hineingehe zum Altar Gottes, /
zu dem Gott, der meine Freude und Wonne ist,
und dir, Gott, auf der Harfe danke, mein Gott.

5 Was betrübst du dich, meine Seele,
und bist so unruhig in mir?

Harre auf Gott; /
denn ich werde ihm noch danken,
daß er meines Angesichts Hilfe und mein Gott ist.

Antiphon

Ehre sei dem Vater und dem Sohn und dem Heiligen Geist, /
wie im Anfang, so auch jetzt und alle Zeit
und in Ewigkeit. Amen.

Antiphon

6. Sonntag der Passionszeit (Palmsonntag) und Karfreitag

Psalm 22, 2–12

Antiphon – Ton 3

Psalmodie – Ton 3 (besondere Ausführung – s. S. 28 ff. »Kovalevsky-Psalmen«)

Antiphon

2 Mein Gott, mein Gott, /
warum hast du mich verlassen,
bleibst ferne meiner Rettung und den Worten meiner Klage?

3 Mein Gott, ich rufe bei Tage, /
und du antwortest nicht,
des Nachts, und finde nicht Ruhe.

4 Und doch bist du der Heilige,
der thront über den Lobgesängen Israels.

5 Auf dich vertrauten unsere Väter;
sie vertrauten und du halfest ihnen.

6 Zu dir schrieen sie und wurden errettet;
auf dich vertrauten sie und wurden nicht zuschanden.

7 Ich aber bin ein Wurm und kein Mensch,
ein Spott der Leute und verachtet vom Volke.

8 Alle, die mich sehen, spotten meiner,
verziehen die Lippen und schütteln den Kopf:

9 »Er warf's auf den Herrn, der möge ihm helfen;
er rette ihn, denn er hat ja Gefallen an ihm.«

10 Ja, du bist's, der mich zog aus dem Mutterschoß,
mich sicher barg an meiner Mutter Brust.

11 Auf dich ward ich geworfen aus Mutterschoß,
von Mutterleib an bist du mein Gott.

12 Sei nicht ferne von mir, denn Not ist nahe;
niemand ist, der helfe.

Ehre sei dem Vater und dem Sohne und dem Heiligen Geiste,
wie es war im Anfang jetzt und immerdar und von Ewigkeit zu Ewigkeit. Amen.

Antiphon

Gründonnerstag

Psalm 111

Psalmodie – Rezitationston

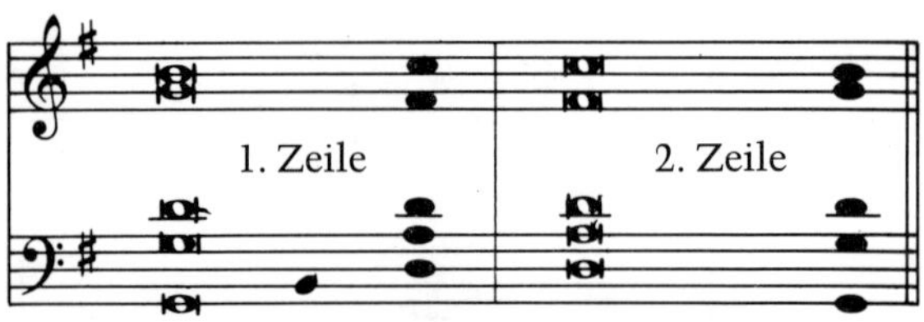

1 Ich danke dem Herrn von ganzem Herzen
im Rate der Frommen und in der Gemeinde.

2 Groß sind die Werke des Herrn;
wer sie erforscht, der hat Freude daran.

3 Was er tut, das ist herrlich und prächtig,
und seine Gerechtigkeit bleibt ewiglich.

4 Er hat ein Gedächtnis gestiftet seiner Wunder,
der gnädige und barmherzige Herr.

5 Er gibt Speise denen, die ihn fürchten;
er gedenkt ewig an seinen Bund.

6 Er läßt verkündigen seine gewaltigen Taten seinem Volk,
daß er ihnen gebe das Erbe der Heiden.

7 Die Werke seiner Hände sind Wahrheit und Recht;
alle seine Ordnungen sind beständig.

8 Sie stehen fest für immer und ewig;
sie sind recht und verläßlich.

9 Er sendet eine Erlösung seinem Volk;
er verheißt, daß sein Bund ewig bleiben soll.

Heilig, und hehr ist sein Name.
10 Die Furcht des Herrn ist der Weisheit Anfang.

Klug sind alle, die danach tun.
Sein Lob bleibet ewiglich.

Ehre sei dem Vater und dem Sohn und dem Heiligen Geist,
wie im Anfang, so auch jetzt und alle Zeit und in Ewigkeit. Amen.

Ostern

Osterfest

Psalm 118, 14–24

Antiphon 1

Antiphon 2:

A

B (Spiegelbild von A)

A *wiederholen*

Psalmodie – Ton 6 (besondere Ausführung – s. S. 34 ff. »Kovalevsky-Psalmen«)

Antiphon 1 und 2

14 Meine Stärke und mein Loblied ist der Herr,
und er ward mein Heil.

15 Frohlocken und Siegesjubel erschallt in den Hütten der Gerechten:
»Die Rechte des Herrn schafft Sieg!

16 Die Rechte des Herrn erhöht!
Die Rechte des Herrn schafft Sieg!«

Antiphon 2

17 Ich werde nicht sterben,
ich werde leben und die Taten des Herrn verkünden.

18 Gezüchtigt hat mich der Herr,
aber dem Tod mich nicht übergeben.

19 Tut mir auf die Tore der Gerechtigkeit,
daß ich durch sie einziehe, dem Herrn zu danken.

Antiphon 2

20 Dies ist das Tor des Herrn,
da die Gerechten einziehen dürfen.

21 Ich danke dir, daß du mich erhört hast
und mir zum Retter geworden bist.

22 Der Stein, den die Bauleute verworfen haben,
der ist zum Eckstein geworden.

Antiphon 2

23 Von dem Herrn ist das gewirkt,
es ist ein Wunder in unsern Augen.

24 Dies ist der Tag, den der Herr gemacht hat;
laßt uns frohlocken und seiner uns freuen!

Ehre sei dem Vater und dem Sohne und dem Heiligen Geiste, /
wie es war im Anfang, jetzt und immerdar,
und von Ewigkeit zu Ewigkeit. Amen.

Antiphon 2 und 1

1. Sonntag nach Ostern – Quasimodogeniti

Psalm 116, 1–9

Antiphon – Ton 4

Psalmodie – Ton 4

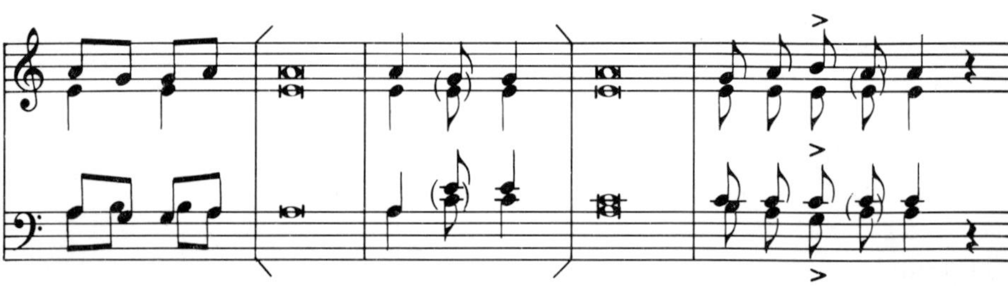

Antiphon

1 Ich liebe den Herrn, denn er hört
die Stimme meines Flehens.

2 Er neigte sein Ohr zu mir;
darum will ich mein Leben lang ihn anrufen.

3 Stricke des Todes hatten mich umfangen, /
des Totenreichs Schrecken hatten mich getroffen;
ich kam in Jammer und Not.

4 Aber ich rief an den Namen des Herrn:
Ach, Herr, errette mich!

5 Der Herr ist gnädig und gerecht,
und unser Gott ist barmherzig.

6 Der Herr behütet die Unmündigen;
wenn ich schwach bin, so hilft er mir.

7 Sei nun wieder zufrieden, meine Seele;
denn der Herr tut dir Gutes.

8 Denn du hast meine Seele vom Tode errettet, /
mein Auge von den Tränen,
meinen Fuß vom Gleiten.

9 Ich werde wandeln vor dem Herrn
im Lande der Lebendigen.

Antiphon

Ehre sei dem Vater und dem Sohn und dem Heiligen Geist, /
wie im Anfang, so auch jetzt und alle Zeit
und in Ewigkeit. Amen.

Antiphon

2. Sonntag nach Ostern – Misericordias Domini

Psalm 23

Antiphon – Ton 6

Psalmodie – Ton 6

Antiphon

1 Der Herr ist mein Hirte, mir wird nichts mangeln. /
2 Er weidet mich auf einer grünen Aue
und führet mich zum frischen Wasser.

Antiphon

3 Er erquicket meine Seele. /
Er führet mich auf rechter Straße
um seines Namens willen.

Antiphon

4 Und ob ich schon wanderte im finstern Tal, /
fürchte ich kein Unglück;
denn du bist bei mir, dein Stecken und Stab trösten mich.

Antiphon

5 Du bereitest vor mir einen Tisch im Angesicht meiner Feinde. /
Du salbest mein Haupt mit Öl
und schenkest mir voll ein.

Antiphon

6 Gutes und Barmherzigkeit werden mir folgen mein Leben lang,
und ich werde bleiben im Hause des Herrn immerdar.

Antiphon

Ehre sei dem Vater und dem Sohn und dem Heiligen Geist, /
wie im Anfang, so auch jetzt und alle Zeit
und in Ewigkeit. Amen.

Antiphon

3. Sonntag nach Ostern – Jubilate

Psalm 66, 1–9

Antiphon

Psalmodie B 28 – Gelineau

Rhythmus: 3 Betonungen pro Zeile

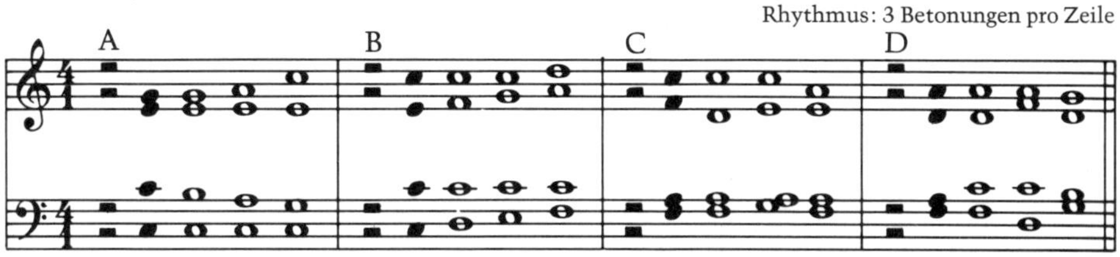

Antiphon

1 Frohlocket dem Herrn, alle Lande,
2 singet den Ruhm seines Namens,
hehren Lobgesang bringet ihm dar.
3 Sprecht zu Gott: Wie wunderbar sind deine Werke.

Ob der Größe deiner Macht
müssen die Feinde sich beugen.
4 Der ganze Erdkreis bete dich an
und lobsinge, lobsinge deinem Namen!

5 Kommt und schauet die Taten des Herrn,
der über Menschenkindern mächtig waltet.
6 Er wandelte das Meer in trock'nes Land;
durch den Strom gingen sie zu Fuß.

Darum wollen wir seiner uns freuen.
7 In seiner Allmacht regiert er auf ewig,
seine Augen haben acht auf die Völker,
daß die Empörer sich nicht überheben.

8 Preiset Gott, ihr Völker der Heiden,
lasset laut erschallen sein Lob!
9 Der unsre Seelen am Leben erhielt
und unsern Fuß nicht wanken ließ.

Antiphon

Dem allmächtigen Vater sei Ehre,
seinem Sohn, unserm Herrn Jesus Christ,
und dem Geist, der da wohnt in den Herzen,
von Weltzeit zu Weltzeit. Amen.

Antiphon

4. Sonntag nach Ostern – Kantate

Psalm 98

Antiphon – Ton 5

Psalmodie – Ton 5

Antiphon

1 Singet dem Herrn ein neues Lied,
denn er tut Wunder.

Er schafft Heil mit seiner Rechten
und mit seinem heiligen Arm.

2 Der Herr läßt sein Heil kund werden;
vor den Völkern macht er seine Gerechtigkeit offenbar.

3 Er gedenkt an seine Gnade und Treue für das Haus Israel,
aller Welt Enden sehen das Heil unsres Gottes.

4 Jauchzet dem Herrn, alle Welt,
singet, rühmet und lobet!

5 Lobet den Herrn mit Harfen,
mit Harfen und mit Saitenspiel!

6 Mit Trompeten und Posaunen
jauchzet vor dem Herrn, dem König!
7 Das Meer brause und was darinnen ist,
der Erdkreis und die darauf wohnen.
8 Die Ströme sollen frohlocken,
und alle Berge seien fröhlich vor dem Herrn;
9 denn er kommt, das Erdreich zu richten. /
Er wird den Erdkreis richten mit Gerechtigkeit
und die Völker, wie es recht ist.

Antiphon

Ehre sei dem Vater und dem Sohn und dem Heiligen Geist, /
wie im Anfang, so auch jetzt und alle Zeit
und in Ewigkeit. Amen. Amen.

Antiphon

5. Sonntag nach Ostern – Rogate

Psalm 95, 1–7

Antiphon

Psalmodie E 17 – Gelineau

Strophen mit 4, 5 und 6 Zeilen – Rhythmus: 3 Betonungen pro Zeile

Antiphon

1 Kommt, laßt uns jubeln dem Herrn
und jauchzen dem Hort unsres Heils,
2 vor sein Angesicht kommen mit Dank,
mit Lobgesängen jauchzen ihm.
3 Denn der Herr ist ein großer Gott,
ein großer König über allen Göttern.

4 In seiner Hand sind die Tiefen der Erde,
und die Bergeshöhen sind auch sein.
5 Sein ist das Meer, und er hat es gemacht;
sein die Erde, ein Gebild' seiner Hände.

6 Kommt, laßt uns anbeten und knien,
niederfallen vor dem Herrn, der uns gemacht.
7 Denn er ist unser Gott, und wir
sind das Volk, das er selber weidet,
und Schafe, gelenkt von seiner Hand.

Antiphon

Dem allmächtigen Vater sei Ehre,
seinem Sohn, unserm Herrn Jesus Christ,
und dem Geist, der da wohnt in den Herzen,
von Weltzeit zu Weltzeit. Amen.

Antiphon

Christi Himmelfahrt

Psalm 47

Antiphon

Psalmodie B 28 – Gelineau

Strophen mit 4 Zeilen – Rhythmus: 3 Betonungen pro Zeile

Antiphon

2 Ihr Völker alle, klatscht in die Hände!
Jauchzt dem Herrn mit fröhlichem Schall!
3 Denn der Herr ist erhaben und furchtbar,
der große König über alle die Lande.

4 Er zwang die Völker unter uns,
er legte uns zu Füßen die Heiden.
5 Er hat uns ein Erbe erwählt:
die Herrlichkeit Jakobs, den er liebt.

Antiphon

6 Empor fährt Gott unter Jubelklang,
der Herr beim Hall der Posaunen.
7 Lobsinget, lobsinget Gott,
lobsinget unserm König, lobsinget!

8 Gott ist König der ganzen Erde;
stimmt an ein festliches Lied!
9 Gott ist König über die Völker,
er sitzt auf seinem heiligen Thron.

10 Die Fürsten der Völker sind versammelt
zu einem Volk des Gottes Abrahams;
denn Gottes sind die Starken auf Erden,
und Er ist hoch erhaben.

Antiphon

Dem allmächtigen Vater sei Ehre,
seinem Sohn, unserm Herrn Jesus Christ,
und dem Geist, der da wohnt in den Herzen,
von Weltzeit zu Weltzeit. Amen.

Antiphon

6. Sonntag nach Ostern – Exaudi

Psalm 27, 1. 7–14

Antiphon

Psalmodie A 15 – Gelineau

Strophen mit 4 Zeilen – Rhythmus: 3 und 2 Betonungen pro Zeile

Antiphon

1 Der Herr ist mein Licht und mein Heil;
vor wem sollte ich mich fürchten?
Der Herr ist die Kraft meines Lebens;
vor wem sollte mir grauen?

7 Herr, höre meine Stimme, wenn ich rufe!
Sei mir gnädig, höre mich.
8 Mein Herz hält dir vor dein Wort:
»Ihr sollt mein Antlitz suchen!«

Darum suche ich auch, Herr, dein Antlitz,
9 verbirg es nicht vor mir
und verstoße nicht im Zorn deinen Knecht,
denn du bist meine Hilfe.

Verstoße und verlaß mich nicht,
du Gott meines Heils!
10 Wenn auch Vater und Mutter mich verlassen,
der Herr nimmt mich auf.

Antiphon

11 Weise mir, o Herr, deinen Weg!
Leite mich auf rechter Bahn.
12 Denn es stehen falsche Zeugen wider mich
und tun mir Unrecht ohne Scheu.

13 Ich glaube, daß ich sehen werde
des Herrn Güte im Lande der Lebendigen.
14 Harr' des Herrn, sei getrost und unverzagt
und harre des Herrn!

Antiphon

Ehre dem Vater, dem Sohn, dem Heil'gen Geist,
jetzt und immerdar;
dem Gott, der ist, der da war und der da kommt,
von Weltzeit zu Weltzeit.

Antiphon

Pfingstfest

Pfingstfest

Psalm 118, 24–29

Antiphon 1 – Ton 5

Psalmodie – Ton 5 (festliche Ausführung – s. S. 45 ff. »Kovalevsky-Psalmen«)

Antiphon 2 – Ton 5

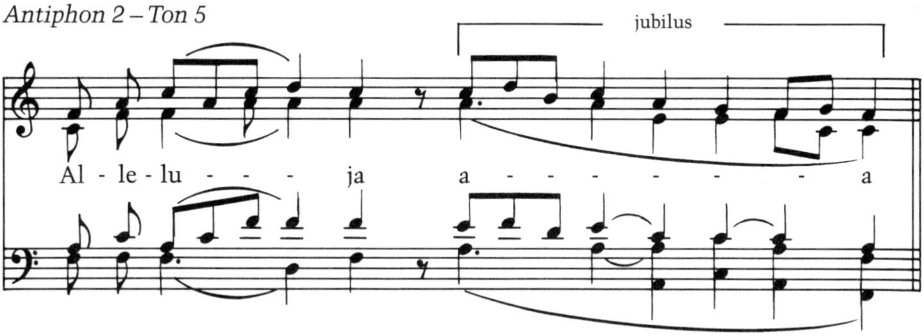

Antiphon 1

24 Dies ist der Tag, /
den der Herr gemacht hat;
laßt uns frohlocken und seiner uns freuen!

25 Ach, Herr, hilf doch!
Ach, Herr, laß wohl gelingen!

26 Gesegnet sei, wer da kommt /
im Namen des Herrn!
Wir segnen euch vom Hause des Herrn her.

27 Der Herr ist Gott; /
er leuchte uns!
Schlinget den Reigen mit Maien bis an die Hörner des Altars!

28 Du bist mein Gott, /
ich will dir danken;
mein Gott, ich will dich erheben.

29 Danket dem Herrn, /
denn er ist freundlich,
und seine Güte währet ewig!

Ehre sei dem Vater und dem Sohne und dem Heiligen Geiste, /
wie es war im Anfang, jetzt und immerdar,
und von Ewigkeit zu Ewigkeit. Amen. Amen.

Antiphon 2

Antiphon 1

Trinitatis (Dreieinigkeitsfest)

Psalm 145

Antiphon – Ton 6

Psalmodie – Ton 6

Antiphon

1 Ich will dich erheben, mein Gott, du König,
und deinen Namen loben immer und ewiglich.

2 Ich will dich täglich loben
und deinen Namen rühmen immer und ewiglich.

3 Der Herr ist groß und sehr zu loben,
und seine Größe ist unausforschlich.

4 Kindeskinder werden deine Werke preisen
und deine gewaltigen Taten verkündigen.

5 Sie sollen reden von deiner hohen, herrlichen Pracht
und deinen Wundern nachsinnen;

6 sie sollen reden von deinen mächtigen Taten
und erzählen von deiner Herrlichkeit;

7 sie sollen preisen deine große Güte
und deine Gerechtigkeit rühmen.

Antiphon

8 Gnädig und barmherzig ist der Herr,
geduldig und von großer Güte.

9 Der Herr ist allen gütig
und erbarmt sich aller seiner Werke.

10 Es sollen dir danken, Herr, alle deine Werke
und deine Heiligen dich loben

11 und die Ehre deines Königtums rühmen
und von deiner Macht reden,
12 daß den Menschen deine gewaltigen Taten kundwerden
und die herrliche Pracht deines Königtums.
13 Dein Reich ist ein ewiges Reich,
und deine Herrschaft währet für und für.
Der Herr ist getreu in all seinen Worten
und gnädig in allen seinen Werken.
14 Der Herr hält alle, die da fallen,
und richtet alle auf, die niedergeschlagen sind.

Antiphon

15 Aller Augen warten auf dich,
und du gibst ihnen ihre Speise zur rechten Zeit.
16 Du tust deine Hand auf
und sättigst alles, was lebt, nach deinem Wohlgefallen.
17 Der Herr ist gerecht in allen seinen Wegen
und gnädig in allen seinen Werken.
18 Der Herr ist nahe allen, die ihn anrufen,
allen, die ihn ernstlich anrufen.
19 Er tut, was die Gottesfürchtigen begehren,
und hört ihr Schreien und hilft ihnen.
20 Der Herr behütet alle, die ihn lieben,
und wird vertilgen alle Gottlosen.
21 Mein Mund soll des Herrn Lob verkündigen,
und alles Fleisch lobe seinen heiligen Namen immer und ewiglich.

Antiphon

Ehre sei dem Vater und dem Sohn und dem Heiligen Geist, /
wie im Anfang, so auch jetzt und alle Zeit
und in Ewigkeit. Amen.

Antiphon

1. Sonntag nach Trinitatis

Psalm 34, 2–11

Antiphon

Psalmodie

Antiphon

I (M) Erhebet den Herrn mit mir
und lasset uns alle seinen Namen erhöhen!

II (F) Ich suchte den Herrn, und er hat mich erhört,
hat von all meiner Furcht mich errettet.

Antiphon

I (F) Blicket auf zu ihm, so strahlt euer Antlitz,
und ihr müßt nicht zuschanden werden.

II (M) Es rief da ein Unglücklicher, und der Herr hat's gehört,
hat aus all seinen Nöten ihm geholfen.

Antiphon

I (M) Der Engel des Herrn lagert sich rings um die,
die ihn fürchten, und errettet sie.

II (F) Schmecket und sehet, wie gütig der Herr ist.
Wohl dem Manne, der auf ihn vertraut!

Antiphon

I (F) Fürchtet den Herrn, ihr seine Heiligen;
denn die ihn fürchten, leiden nicht Mangel.

II (M) Junge Löwen mögen darben und hungern,
wer aber den Herrn sucht, dem mangelt kein Gut.

Antiphon

I (M/F) Ehre sei dem Vater und dem Sohn
und dem Heiligen Geist,

II wie im Anfang, so auch jetzt und alle Zeit
und in Ewigkeit. Amen.

Antiphon

2. Sonntag nach Trinitatis

Psalm 36, 6–11

Antiphon – Ton 5

Psalmodie – Ton 5

Antiphon

6 Herr, deine Güte reicht, so weit der Himmel ist,
und deine Wahrheit, so weit die Wolken gehen.

7 Deine Gerechtigkeit steht wie die Berge Gottes /
und dein Recht wie die große Tiefe.
Herr, du hilfst Menschen und Tieren.

8 Wie köstlich ist deine Güte, Gott,
daß Menschenkinder unter dem Schatten deiner Flügel Zuflucht haben!

9 Sie werden satt von den reichen Gütern deines Hauses,
und du tränkst sie mit Wonne wie mit einem Strom.

10 Denn bei dir ist die Quelle des Lebens,
und in deinem Lichte sehen wir das Licht.

11 Breite deine Güte über die, die dich kennen,
und deine Gerechtigkeit über die Frommen.

Antiphon

Ehre sei dem Vater und dem Sohn und dem Heiligen Geist, /
wie im Anfang, so auch jetzt und alle Zeit
und in Ewigkeit. Amen. Amen.

Antiphon

3. Sonntag nach Trinitatis

Psalm 103, 1–5. 8–13

Antiphon – Ton 8

Psalmodie – Ton 8

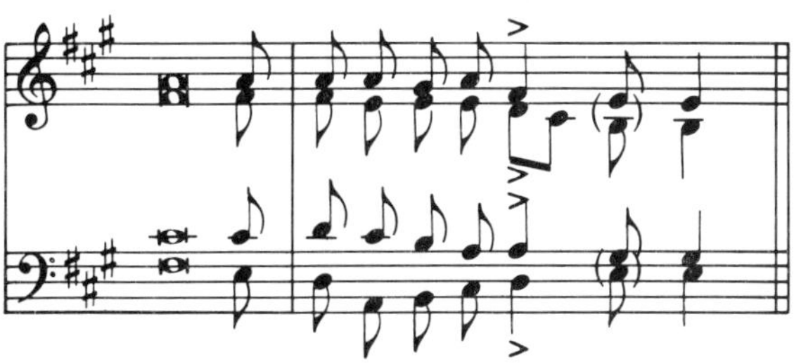

Antiphon

Lobe den Herrn, meine Seele,
und was in mir ist, seinen heiligen Namen!

2 Lobe den Herrn, meine Seele,
und vergiß nicht, was er dir Gutes getan hat:

3 der dir alle deine Sünde vergibt
und heilet alle deine Gebrechen,

4 der dein Leben vom Verderben erlöst,
der dich krönet mit Gnade und Barmherzigkeit,

5 der deinen Mund fröhlich macht,
und du wieder jung wirst wie ein Adler.

8 Barmherzig und gnädig ist der Herr,
geduldig und von großer Güte.

9 Er wird nicht für immer hadern
noch ewig zornig bleiben.

10 Er handelt nicht mit uns nach unsern Sünden
und vergilt uns nicht nach unsrer Missetat.

11 Denn so hoch der Himmel über der Erde ist,
läßt er seine Gnade walten über denen, die ihn fürchten.

12 So fern der Morgen ist vom Abend,
läßt er unsre Übertretungen von uns sein.

13 Wie sich ein Vater über Kinder erbarmt,
so erbarmt sich der Herr über die, die ihn fürchten.

Antiphon

Ehre sei dem Vater und dem Sohn und dem Heiligen Geist, /
wie im Anfang, so auch jetzt und alle Zeit
und in Ewigkeit. Amen.

Antiphon

4. Sonntag nach Trinitatis

Psalm 42

Antiphon

Psalmodie A 29 – Gelineau

Strophen mit 4 Zeilen – Rhythmus: 3 und 2 Betonungen pro Zeile

Antiphon

2 Wie der Hirsch verlangt
nach frischem Wasser,
so schreiet meine Seele,
o Gott, zu dir.

3 Meine Seele dürstet nach Gott,
nach dem lebendigen Gott.

Wann werde ich kommen und schauen
das Antlitz Gottes?

4 Meine Tränen sind meine Speise
bei Tag und Nacht,
weil man täglich zu mir sagt:
Wo ist nun dein Gott?

5 Ich wollte gerne hingehen mit dem Haufen
zum Hause Gottes,
mit ihnen wallen frohlockend und dankend
in feiernder Menge.

Antiphon

6 Was betrübst du dich, meine Seele,
bist so unruhig in mir?
Harr' auf Gott, denn ich werde ihm noch danken,
ihm, meinem Helfer, meinem Gott.

7 Mein Gott, betrübt ist meine Seele in mir;
darum gedenke ich an dich
im Lande am Jordan und auf Hermon
und dem kleinen Berg.

8 Flut ruft der Flut beim Tosen
deiner Wasserstürze;
all deine Wellen und Wasserwogen
gehen über mich.

9 Verheißen hat der Herr
am Tage seine Güte,
und des Nachts sing ich ihm und bete
zu dem Gott meines Lebens.

Antiphon

10 Ich sage zu Gott, meinem Fels:
»Warum hast du mein vergessen?
Warum muß ich so traurig gehen,
wenn mein Feind mich drängt?«

11 Es ist wie Mord in meinen Gebeinen,
daß mich schmähen meine Feinde,
wenn sie täglich zu mir sagen:
Wo ist nun dein Gott?

12 Was betrübst du dich, meine Seele,
bist so unruhig in mir?
Harr' auf Gott; denn ich werde ihm noch danken,
ihm, meinem Helfer, meinem Gott.

Antiphon

Ehre dem Vater, dem Sohn, dem Heil'gen Geist,
jetzt und immerdar;
dem Gott, der ist, der da war und der da kommt,
von Weltzeit zu Weltzeit.

Antiphon

5. Sonntag nach Trinitatis

Psalm 73, 14. 23–26. 28

Psalmodie – Rezitationston

14 Täglich bin ich geplagt,
und meine Züchtigung ist alle Morgen da.

23 Dennoch bleibe ich stets an dir;
denn du hältst mich bei meiner rechten Hand,

24 du leitest mich nach deinem Rat
und nimmst mich am Ende mit Ehren an.

25 Wenn ich nur dich habe,
so frage ich nichts nach Himmel und Erde.

26 Wenn mir gleich Leib und Seele verschmachtet,
so bist du doch, Gott, allezeit meines Herzens Trost und mein Teil.

28 Aber das ist meine Freude,
daß ich mich zu Gott halte

und meine Zuversicht setze auf Gott den Herrn,
daß ich verkündige all dein Tun.

Ehre sei dem Vater und dem Sohn und dem Heiligen Geist,
wie im Anfang, so auch jetzt und alle Zeit und in Ewigkeit. Amen.

6. Sonntag nach Trinitatis

Psalm 139, 1–16. 23–24

Antiphon – Ton 1

Psalmodie – Ton 1

Antiphon

1 Herr, du erforschest mich und kennest mich. /
2 Ich sitze oder stehe auf, so weißt du es;
du verstehst meine Gedanken von ferne.

3 Ich gehe oder liege, so bist du um mich
und siehst alle meine Wege.

4 Denn siehe, es ist kein Wort auf meiner Zunge,
das du, Herr, nicht schon wüßtest.

5 Von allen Seiten umgibst du mich
und hältst deine Hand über mir.

6 Diese Erkenntnis ist mir zu wunderbar und zu hoch,
ich kann sie nicht begreifen.

7 Wohin soll ich gehen vor deinem Geist,
und wohin soll ich fliehen vor deinem Angesicht?

8 Führe ich gen Himmel, so bist du da;
bettete ich mich bei den Toten, siehe, so bist du auch da.

9 Nähme ich Flügel der Morgenröte
und bliebe am äußersten Meer,

10 so würde auch dort deine Hand mich führen
und deine Rechte mich halten.

11 Spräche ich: Finsternis möge mich decken
und Nacht statt Licht um mich sein –,

12 so wäre auch Finsternis nicht finster bei dir, /
und die Nacht leuchtete wie der Tag.
Finsternis ist wie das Licht.

13 Denn du hast meine Nieren bereitet
und hast mich gebildet im Mutterleibe.

14 Ich danke dir dafür, daß ich wunderbar gemacht bin; /
wunderbar sind deine Werke;
das erkennt meine Seele.

15 Es war dir mein Gebein nicht verborgen, /
als ich im Verborgenen gemacht wurde,
als ich gebildet wurde unten in der Erde.

16 Deine Augen sahen mich,
als ich noch nicht bereitet war,

und alle Tage waren in dein Buch geschrieben,
die noch werden sollten und von denen keiner da war.

23 Erforsche mich, Gott, und erkenne mein Herz;
prüfe mich und erkenne, wie ich's meine.

24 Und sieh, ob ich auf bösem Wege bin,
und leite mich auf ewigem Wege.

Antiphon

Ehre sei dem Vater und dem Sohn und dem Heiligen Geist, /
wie im Anfang, so auch jetzt und alle Zeit
und in Ewigkeit. Amen.

Antiphon

7. Sonntag nach Trinitatis

Psalm 107, 1–9

Antiphon – Ton 5

Psalmodie – Ton 5

Antiphon

1 Danket dem Herrn; denn er ist freundlich,
und seine Güte währet ewiglich.

2 So sollen sagen, die erlöst sind durch den Herrn,
die er aus der Not erlöst hat,

3 die er aus den Ländern zusammengebracht hat
von Osten und Westen, von Norden und Süden.

4 Die irre gingen in der Wüste, auf ungebahntem Wege,
und fanden keine Stadt, in der sie wohnen konnten,

5 die hungrig und durstig waren
und deren Seele verschmachtete,

6 die dann zum Herrn riefen in ihrer Not,
und er errettete sie aus ihren Ängsten

7 und führte sie den richtigen Weg,
daß sie kamen zur Stadt, in der sie wohnen konnten:

8 die sollen dem Herrn danken für seine Güte /
und für seine Wunder,
die er an den Menschenkindern tut,

9 daß er sättigt die durstige Seele
und die Hungrigen füllt mit Gutem.

Antiphon

Ehre sei dem Vater und dem Sohn und dem Heiligen Geist, /
wie im Anfang, so auch jetzt und alle Zeit
und in Ewigkeit. Amen. Amen.

Antiphon

8. Sonntag nach Trinitatis

Psalm 48, 2–3. 9–11

Rezitationston

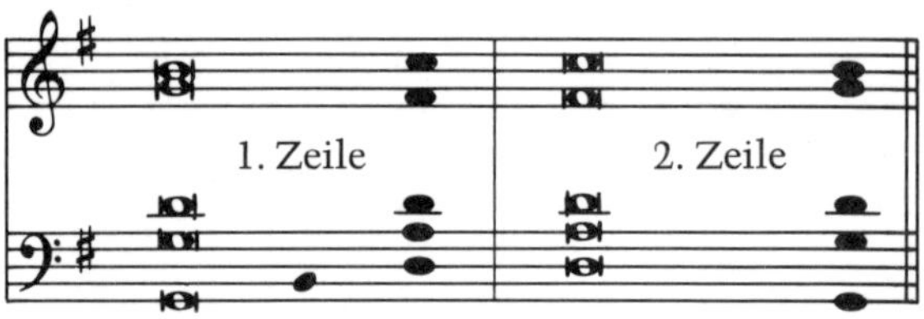

2 Groß ist der Herr und hoch zu rühmen
in der Stadt unsres Gottes, auf seinem heiligen Berge.

3 Schön ragt empor der Berg Zion,
daran sich freut die ganze Welt,

9 Wie wir es gehört haben, so sehen wir es
an der Stadt des Herrn Zebaoth,

an der Stadt unsres Gottes:
Gott erhält sie ewiglich.

10 Gott, wir gedenken deiner Güte
in deinem Tempel.

11 Gott, wie dein Name, so ist auch dein Ruhm bis an der Welt Enden.
Deine Rechte ist voll Gerechtigkeit.

Ehre sei dem Vater und dem Sohn und dem Heiligen Geist,
wie im Anfang, so auch jetzt und alle Zeit und in Ewigkeit. Amen.

9. Sonntag nach Trinitatis

Psalm 40, 9–12

Antiphon – Ton 7

Psalmodie – Ton 7

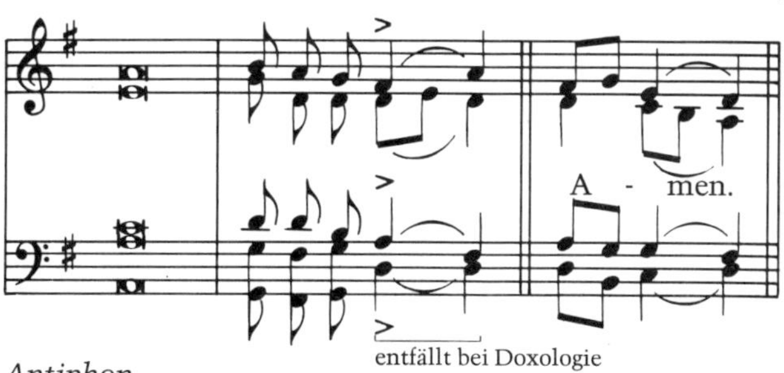

Antiphon

9 Deinen Willen, mein Gott, tue ich gern,
und dein Gesetz hab ich in meinem Herzen.

10 Ich verkündige Gerechtigkeit in der großen Gemeinde.
Siehe, ich will mir meinen Mund nicht stopfen lassen; Herr, das weißt du.

11 Deine Gerechtigkeit verberge ich nicht in meinem Herzen;
von deiner Wahrheit und von deinem Heil rede ich.

Ich verhehle deine Güte und Treue nicht
vor der großen Gemeinde.

12 Du aber, Herr, wollest deine Barmherzigkeit nicht von mir wenden;
laß deine Güte und Treue allewege mich behüten.

Antiphon

Ehre sei dem Vater und dem Sohn und dem Heiligen Geist, /
wie im Anfang, so auch jetzt und alle Zeit
und in Ewigkeit. Amen.

Antiphon

10. Sonntag nach Trinitatis

Psalm 74, 1–3. 8–11. 20–21

Antiphon – Ton 4

Psalmodie – Ton 4

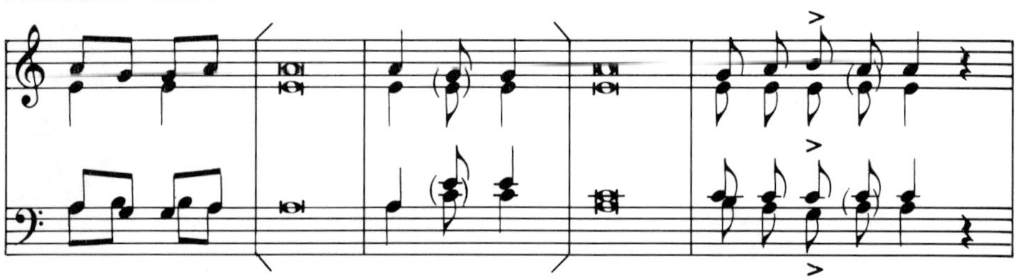

Antiphon

1 Gott, warum verstößest du uns für immer
und bist so zornig über die Schafe deiner Weide?

2 Gedenke an deine Gemeinde,
die du vorzeiten erworben

und dir zum Erbteil erlöst hast,
an den Berg Zion, auf dem du wohnest.

3 Richte doch deine Schritte zu dem, /
was so lange wüste liegt.
Der Feind hat alles verheert im Heiligtum.

8 Sie sprechen in ihrem Herzen: /
Laßt uns sie ganz unterdrücken!
Sie verbrennen alle Gotteshäuser im Lande.

9 Unsere Zeichen sehen wir nicht, /
kein Prophet ist mehr da,
und keiner ist bei uns, der etwas weiß.

10 Ach, Gott, wie lange soll der Widersacher noch schmähen
und der Feind deinen Namen immerfort lästern?

11 Warum ziehst du deine Hand zurück?
Nimm deine Rechte aus dem Gewand und mach ein Ende!

20 Gedenke an den Bund;
denn die dunklen Winkel des Landes sind voll Frevel.

21 Laß den Geringen nicht beschämt davongehen,
laß die Armen und Elenden rühmen deinen Namen.

Antiphon

Ehre sei dem Vater und dem Sohn und dem Heiligen Geist, /
wie im Anfang, so auch jetzt und alle Zeit
und in Ewigkeit. Amen.

Antiphon

11. Sonntag nach Trinitatis

Psalm 113, 1–9

Antiphon

Psalmodie E 17 – Gelineau

Strophen mit 6 Zeilen – Rhythmus: 3 Betonungen pro Zeile

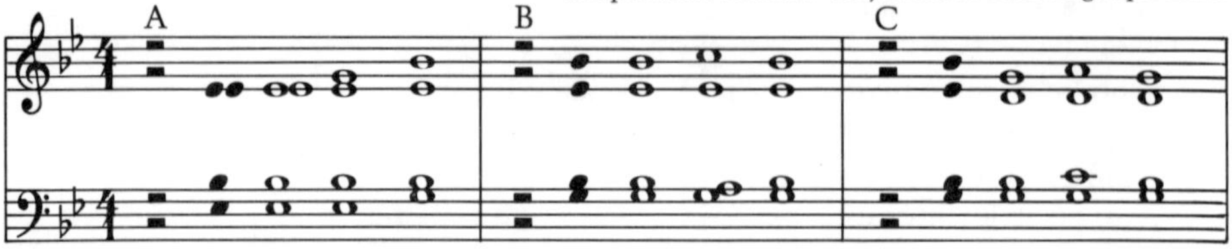

Bei 4 Zeilen pro Strophe entfällt Teil E und F

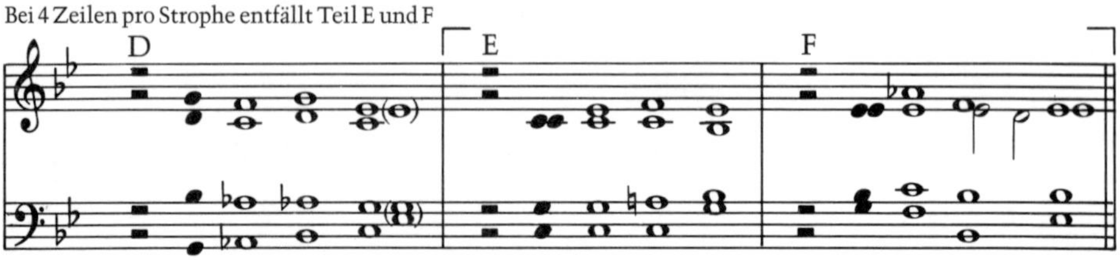

Antiphon

1 Lobet, ihr Knechte des Herrn,
lobet den Namen des Herrn.
2 Gelobt sei der Name des Herrn
von nun an bis in Ewigkeit.
3 Vom Sonnenaufgang bis zum Untergang
sei gelobet der Name des Herrn.

4 Erhaben über alle Völker ist der Herr,
über die Himmel seine Ehre.
5 Wer ist dem Herrn gleich, unserm Gott,
der seinen Thron so hoch gesetzt,
6 der da schauet auf das Niedrige
im Himmel und auf Erden?

7 Der aus dem Staub den Geringen hebt
und erhöht den Armen aus dem Schmutz,
8 daß er ihn setze neben Fürsten,
neben die Fürsten seines Volkes.
9 Der die Unfruchtbar' und Kinderlose
macht zur frohen Mutter einer Kinderschar.

Antiphon

Dem allmächtigen Vater sei Ehre,
seinem Sohn, unserm Herrn Jesus Christ,
und dem Geist, der da wohnt in den Herzen,
von Weltzeit zu Weltzeit. Amen.

Antiphon

12. Sonntag nach Trinitatis

Psalm 147, 3–6. 11–14

Psalmodie – Rezitationston

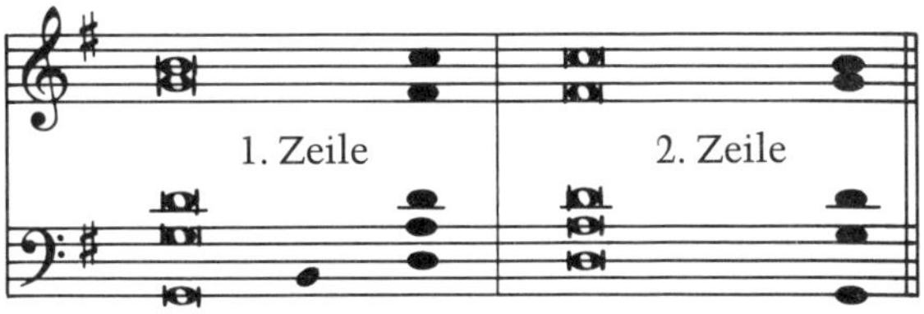

3 Er heilt, die zerbrochenen Herzens sind,
und verbindet ihre Wunden.

4 Er zählt die Sterne
und nennt sie alle mit Namen.

5 Unser Herr ist groß und von großer Kraft,
und unbegreiflich ist, wie er regiert.

6 Der Herr richtet die Elenden auf
und stößt die Gottlosen zu Boden.

11 Der Herr hat Gefallen an denen, die ihn fürchten,
die auf seine Güte hoffen.

12 Preise, Jerusalem, den Herrn;
lobe, Zion, deinen Gott!

13 Denn er macht fest
die Riegel deiner Tore
und segnet deine Kinder in deiner Mitte.

14 Er schafft deinen Grenzen Frieden.

Ehre sei dem Vater und dem Sohn und dem Heiligen Geist,
wie im Anfang, so auch jetzt und alle Zeit und in Ewigkeit. Amen.

13. Sonntag nach Trinitatis

Psalm 112, 5–9

Antiphon – Ton 1

Psalmodie – Ton 1

Antiphon

5 Wohl dem, der barmherzig ist und gerne leiht
und das Seine tut, wie es recht ist!

6 Denn er wird ewiglich bleiben;
der Gerechte wird nimmermehr vergessen.

7 Vor schlimmer Kunde fürchtet er sich nicht;
sein Herz hofft unverzagt auf den Herrn.

8 Sein Herz ist getrost und fürchtet sich nicht,
bis er auf seine Feinde herabsieht.

9 Er streut aus und gibt den Armen; /
seine Gerechtigkeit bleibt ewiglich.
Seine Kraft wird hoch in Ehren stehen.

Antiphon

Ehre sei dem Vater und dem Sohn und dem Heiligen Geist, /
wie im Anfang, so auch jetzt und alle Zeit
und in Ewigkeit. Amen.

Antiphon

14. Sonntag nach Trinitatis

Psalm 146

Antiphon – Ton 6

Psalmodie – Ton 6

Antiphon

1 Halleluja! Lobe den Herrn, meine Seele! /
2 Ich will den Herrn loben, solange ich lebe,
und meinem Gott lobsingen, solange ich bin.

3 Verlasset euch nicht auf Fürsten;
sie sind Menschen, die können ja nicht helfen.

4 Denn des Menschen Geist muß davon, /
und er muß wieder zu Erde werden;
dann sind verloren alle seine Pläne.

5 Wohl dem, dessen Hilfe der Gott Jakobs ist,
der seine Hoffnung setzt auf den Herrn, seinen Gott,

6 der Himmel und Erde gemacht hat,
das Meer und alles, was darinnen ist;

der Treue hält ewiglich, /
7 der Recht schafft denen, die Gewalt leiden,
der die Hungrigen speiset.

Der Herr macht die Gefangenen frei.
8 Der Herr macht die Blinden sehend.

Der Herr richtet auf, die niedergeschlagen sind.
Der Herr liebt die Gerechten.

9 Der Herr behütet die Fremdlinge /
und erhält Waisen und Witwen;
aber die Gottlosen führt er in die Irre.

10 Der Herr ist König ewiglich,
dein Gott, Zion, für und für. Halleluja!

Antiphon

Ehre sei dem Vater und dem Sohn und dem Heiligen Geist, /
wie im Anfang, so auch jetzt und alle Zeit
und in Ewigkeit. Amen.

Antiphon

15. Sonntag nach Trinitatis

Psalm 127, 1–2 / Psalm 128, 1–2. 4

Antiphon – Ton 2

Psalmodie – Ton 2

Antiphon

1 Wenn der Herr nicht das Haus baut,
so arbeiten umsonst, die daran bauen.

Wenn der Herr nicht die Stadt behütet,
so wacht der Wächter umsonst.

2 Es ist umsonst, daß ihr früh aufsteht
und hernach lange sitzet

und esset euer Brot mit Sorgen;
denn seinen Freunden gibt er es im Schlaf.

1 Wohl dem, der den Herrn fürchtet
und auf seinen Wegen geht!

2 Du wirst dich nähren von deiner Hände Arbeit;
wohl dir, du hast's gut.

4 Siehe, so wird gesegnet der Mann,
der den Herrn fürchtet.

Antiphon

Ehre sei dem Vater und dem Sohn und dem Heiligen Geist, /
wie im Anfang, so auch jetzt und alle Zeit
und in Ewigkeit. Amen.

Antiphon

16. Sonntag nach Trinitatis

Psalm 68, 4–7. 20–21

Antiphon – Ton 8

Psalmodie – Ton 8

Antiphon

4 Die Gerechten aber freuen sich /
und sind fröhlich vor Gott
und freuen sich von Herzen.

5 Singet Gott, lobsinget seinem Namen! /
Macht Bahn dem, der durch die Wüste einherfährt;
er heißt Herr. Freuet euch vor ihm!

6 Ein Vater der Waisen und ein Helfer der Witwen
ist Gott in seiner heiligen Wohnung,

7 ein Gott, der die Einsamen nach Hause bringt, /
der die Gefangenen herausführt,
daß es ihnen wohlgehe.

20 Gelobt sei der Herr täglich.
Gott legt uns eine Last auf, aber er hilft uns auch.

21 Wir haben einen Gott, der da hilft,
und den Herrn, der vom Tode errettet.

Antiphon

Ehre sei dem Vater und dem Sohn und dem Heiligen Geist, /
wie im Anfang, so auch jetzt und alle Zeit
und in Ewigkeit. Amen.

Antiphon

17. Sonntag nach Trinitatis

Psalm 25, 8–15

Antiphon – Ton 1

Psalmodie – Ton 1

Antiphon

8 Der Herr ist gut und gerecht;
darum weist er Sündern den Weg.

9 Er leitet die Elenden recht
und lehrt die Elenden seinen Weg.

10 Die Wege des Herrn sind lauter Güte und Treue
für alle, die seinen Bund und seine Gebote halten.

11 Um deines Namens willen, Herr,
vergib mir meine Schuld, die so groß ist!

12 Wer ist der Mann, der den Herrn fürchtet?
Er wird ihm den Weg weisen, den er wählen soll.

13 Er wird im Guten wohnen,
und sein Geschlecht wird das Land besitzen.

14 Der Herr ist denen Freund, die ihn fürchten;
und seinen Bund läßt er sie wissen.

15 Meine Augen sehen stets auf den Herrn;
denn er wird meinen Fuß aus dem Netze ziehen.

Antiphon

Ehre sei dem Vater und dem Sohn und dem Heiligen Geist, /
wie im Anfang, so auch jetzt und alle Zeit
und in Ewigkeit. Amen.

Antiphon

18. Sonntag nach Trinitatis

Psalm 1

Antiphon

Psalmodie E 55 – Gelineau

Strophen mit 6 Zeilen – Rhythmus: 3 Betonungen pro Zeile
Bei 4 Zeilen entfällt Teil C und D

Antiphon

1 Selig ist der Mann,
der nicht folgt dem Rate der Bösen,
der nicht geht auf dem Wege der Sünder
noch sitzt in der Runde der Spötter,
2 aber Freude hat am Gesetze des Herrn,
sinnet darüber bei Tag und bei Nacht.

3 Er gleichet einem Baum,
gepflanzt an den Wasserbächen,
der seine Frucht bringt zu seiner Zeit,
und seine Blätter verwelken nicht;
und was er macht, das gerät ihm wohl.
4 Nicht so die Gottlosen, nicht so:

sondern sie sind wie die Spreu,
die der Wind verweht auf der Erde.
5 Darum bestehen Frevler nicht im Gericht
noch die Sünder im Kreise der Gerechten.

6 Denn der Herr kennt den Weg der Gerechten;
aber der Gottlosen Weg vergeht.

Antiphon

Dem allmächtigen Vater sei Ehre,
seinem Sohn, unserm Herrn Jesus Christ,
und dem Geist, der da wohnt in den Herzen,
von Weltzeit zu Weltzeit. Amen.

Antiphon

Erntedankfest

Psalm 104, 10–15. 27–30

Antiphon – Ton 6

Psalmodie – Ton 6

Antiphon

10 Du lässest Wasser in den Tälern quellen,
daß sie zwischen den Bergen dahinfließen,

11 daß alle Tiere des Feldes trinken
und das Wild seinen Durst lösche.

12 Darüber sitzen die Vögel des Himmels
und singen unter den Zweigen.

13 Du feuchtest die Berge von oben her,
du machst das Land voll Früchte, die du schaffest.

14 Du lässest Gras wachsen für das Vieh
und Saat zu Nutz den Menschen,

daß du Brot aus der Erde hervorbringst,
15 daß der Wein erfreue des Menschen Herz

und sein Antlitz schön werde vom Öl
und das Brot des Menschen Herz stärke.

27 Es warten alle auf dich,
daß du ihnen Speise gebest zur rechten Zeit.

28 Wenn du ihnen gibst, so sammeln sie; /
wenn du deine Hand auftust,
so werden sie mit Gutem gesättigt.

29 Verbirgst du dein Angesicht, so erschrecken sie; /
nimmst du weg ihren Odem, so vergehen sie
und werden wieder Staub.

30 Du sendest aus deinen Odem, so werden sie geschaffen,
und du machst neu die Gestalt der Erde.

Antiphon

Ehre sei dem Vater und dem Sohn und dem Heiligen Geist, /
wie im Anfang, so auch jetzt und alle Zeit
und in Ewigkeit. Amen.

Antiphon

19. Sonntag nach Trinitatis

Psalm 32, 1–5. 10–11

Antiphon – Ton 2

Psalmodie – Ton 2

Antiphon

1 Wohl dem, dem die Übertretungen vergeben sind,
dem die Sünde bedeckt ist!

2 Wohl dem Menschen, dem der Herr die Schuld nicht zurechnet,
in dessen Geist kein Trug ist!

3 Denn als ich es wollte verschweigen,
verschmachteten meine Gebeine durch mein tägliches Klagen.

4 Denn deine Hand lag Tag und Nacht schwer auf mir, /
daß mein Saft vertrocknete,
wie es im Sommer dürre wird.

5 Darum bekannte ich dir meine Sünde,
und meine Schuld verhehlte ich nicht.

Ich sprach: Ich will dem Herrn meine Übertretungen bekennen.
Da vergabst du mir die Schuld meiner Sünde.

10 Der Gottlose hat viel Plage; /
wer aber auf den Herrn hofft,
den wird die Güte umfangen.

11 Freuet euch des Herrn und seid fröhlich, ihr Gerechten,
und jauchzet, alle ihr Frommen.

Antiphon

Ehre sei dem Vater und dem Sohn und dem Heiligen Geist, /
wie im Anfang, so auch jetzt und alle Zeit
und in Ewigkeit. Amen.

Antiphon

20. Sonntag nach Trinitatis

Psalm 119, 101–108

Antiphon – Ton 6

Psalmodie – Ton 6

Antiphon

101 Ich verwehre meinem Fuß alle bösen Wege,
damit ich dein Wort halte.

102 Ich weiche nicht von deinen Ordnungen;
denn du lehrest mich.

103 Dein Wort ist in meinem Munde
süßer als Honig.

104 Dein Wort macht mich klug;
darum hasse ich alle falschen Wege.

105 Dein Wort ist meines Fußes Leuchte
und ein Licht auf meinem Wege.

106 Ich schwöre und will's halten:
Die Ordnungen deiner Gerechtigkeit will ich bewahren.

107 Ich bin sehr gedemütigt;
Herr, erquicke mich nach deinem Wort!

108 Laß dir gefallen, Herr, das Opfer meines Mundes,
und lehre mich deine Ordnungen.

Antiphon

Ehre sei dem Vater und dem Sohn und dem Heiligen Geist, /
wie im Anfang, so auch jetzt und alle Zeit
und in Ewigkeit. Amen.

Antiphon

21. Sonntag nach Trinitatis

Psalm 19, 8–15

Antiphon

Psalmodie A 52 – Gelineau

Strophen mit 4 Zeilen – Rhythmus: 3 und 2 Betonungen pro Zeile

Antiphon

8 Das Gesetz des Herrn ist vollkommen
und erquickt die Seele,
das Zeugnis des Herrn ist gewiß,
macht Einfältige weise.

9 Die Befehle des Herrn sind richtig
und erfreuen das Herz.
Die Gebote des Herrn sind lauter
und erleuchten die Augen.

Antiphon

10 Die Furcht des Herrn ist rein
und bleibt für ewig.
Die Rechte des Herrn sind wahrhaftig,
allesamt gerecht.

11 Sie sind köstlicher denn Gold
und viel feines Gold;
das Wort des Herrn ist süßer denn Honig
und Honigseim.

12 Auch wird dein Knecht durch sie erinnert;
wer sie hält, hat großen Lohn.

13 Wer kann merken, wie oft er fehlet?
Verzeih mir die verborgnen Fehler!

Antiphon

14 Bewahre deinen Knecht vor Hochmut,
daß er nicht über mich herrscht;
dann bleibe ich ohne Tadel,
rein von schwerem Vergehen.

15 Laß dir gefallen die Rede meines Mundes
und das Gespräch meines Herzens
vor dir, o Herr, mein Hort
und mein Erlöser!

Antiphon

Ehre dem Vater, dem Sohn, dem Heil'gen Geist,
jetzt und immerdar;
dem Gott, der ist, der da war und der da kommt,
von Weltzeit zu Weltzeit.

Antiphon

22. Sonntag nach Trinitatis

Psalm 143, 1–10

Antiphon – Ton 4

Psalmodie – Ton 4

Antiphon

1 Herr, erhöre mein Gebet, /
vernimm mein Flehen um deiner Treue willen,
erhöre mich um deiner Gerechtigkeit willen,

2 und geh nicht ins Gericht mit deinem Knecht;
denn vor dir ist kein Lebendiger gerecht.

3 Denn der Feind verfolgt meine Seele
und schlägt mein Leben zu Boden,

er legt mich ins Finstere
wie die, die lange schon tot sind.

4 Und mein Geist ist in Ängsten,
mein Herz ist erstarrt in meinem Leibe.

5 Ich denke an die früheren Zeiten; /
ich sinne nach über all deine Taten
und spreche von den Werken deiner Hände.

6 Ich breite meine Hände aus zu dir,
meine Seele dürstet nach dir wie ein dürres Land.

7 Herr, erhöre mich bald, mein Geist vergeht;
verbirg dein Antlitz nicht vor mir,

daß ich nicht gleich werde denen,
die in die Grube fahren.

8 Laß mich am Morgen hören deine Gnade;
denn ich hoffe auf dich.
Tu mir kund den Weg, den ich gehen soll;
denn mich verlangt nach dir.

9 Errette mich, mein Gott, von meinen Feinden;
zu dir nehme ich meine Zuflucht.

10 Lehre mich tun nach deinem Wohlgefallen, /
denn du bist mein Gott;
dein guter Geist führe mich auf ebner Bahn.

Antiphon

Ehre sei dem Vater und dem Sohn und dem Heiligen Geist, /
wie im Anfang, so auch jetzt und alle Zeit
und in Ewigkeit. Amen.

Antiphon

23. Sonntag nach Trinitatis

Psalm 33, 2–22

Antiphon

Psalmodie – Ton B 18 – Gelineau

Strophen mit 4 Zeilen – Rhythmus: 3 Betonungen pro Zeile

Antiphon

2 Danket dem Herrn mit Harfen,
lobsinget ihm zum Psalter von zehn Saiten.
3 Singet ihm ein neues Lied;
machet's gut auf Saitenspiel mit Schall.

4 Denn wahrhaftig ist das Wort des Herrn,
und was er zusagt, das hält er gewiß.
5 Er liebt Gerechtigkeit und Recht,
voll seiner Güte ist die Welt.

6 Durch sein Wort schuf er die Himmel
und all sein Heer durch den Geist seines Mundes,
7 faßt wie im Schlauche die Wasser des Meeres,
und sammelt in Kammern die Fluten.

Antiphon

8 Es fürchte den Herrn alle Welt;
ihn scheue, was die Erde bewohnt;
9 denn wenn er spricht, so geschieht's ;
wenn er gebietet, so stehet's da.

10 Der Herr zerbricht der Heiden Rat,
macht zunichte die Gedanken der Völker.
11 Der Ratschluß des Herrn bleibt ewig,
seines Herzens Gedanken für und für.

12 Wohl dem Volk, des Gott der Herr,
dem Volk,das er zum Erbe erwählt.
13 vom Himmel schaut herab der Herr
und sieht alle Menschenkinder.

Antiphon

14 Von seinem festen Thron sieht er
auf alle, die auf Erden wohnen.
15 Er lenkt ihnen allen das Herz,
er gibt acht auf alle ihre Werke.

16 Einem König hilft nicht seine (große) Macht;
dem Helden nicht seine große Kraft.
17 Selbst Rosse können hier nicht helfen,
und ihre große Stärke rettet nicht.

18 Des Herrn Auge schaut auf die, so ihn fürchten,
die hoffend trauen auf seine Güte,
19 zu retten ihre Seele aus dem Tode,
in Hungersnot sie lebend zu erhalten.

Antiphon

20 Unsre Seele harret auf den Herrn;
der Herr ist unsre Hilfe, unser Schild;
21 denn in ihm freut sich unser Herz;
wir vertrauen seinem heiligen Namen.

22 Es walte, Herr, über uns deine Gnade,
sowie wir hoffen auf dich.

Ehre dem Vater, dem Sohn, dem Heil'gen Geist,
von Weltzeit zu Weltzeit. Amen.

Antiphon

24. Sonntag nach Trinitatis
Psalm 39, 5–8

Antiphon – Ton 2

Psalmodie – Ton 2

Antiphon

5 »Herr, lehre mich doch, /
daß es ein Ende mit mir haben muß
und mein Leben ein Ziel hat und ich davon muß.

6 Siehe, meine Tage sind eine Handbreit bei dir,
und mein Leben ist wie nichts vor dir.

Wie gar nichts sind alle Menschen,
die doch so sicher leben!

7 Sie gehen daher wie ein Schatten /
und machen sich viel vergebliche Unruhe;
sie sammeln und wissen nicht, wer es einbringen wird.«

8 Nun, Herr, wessen soll ich mich trösten?
Ich hoffe auf dich.

Antiphon

Ehre sei dem Vater und dem Sohn und dem Heiligen Geist, /
wie im Anfang, so auch jetzt und alle Zeit
und in Ewigkeit. Amen.

Antiphon

Drittletzter Sonntag des Kirchenjahres

Psalm 90

Antiphon – Ton 4

Psalmodie – Ton 4

Antiphon

1 Herr, du bist unsre Zuflucht für und für.
2 Ehe denn die Berge würden
und die Erde und die Welt geschaffen würden,
bist du, Gott, von Ewigkeit zu Ewigkeit.
3 Der du die Menschen lässest sterben
und sprichst: Kommt wieder, Menschenkinder!
4 Denn tausend Jahre sind vor dir /
wie der Tag, der gestern vergangen ist,
und wie eine Nachtwache.
5 Du lässest sie dahinfahren wie einen Strom, /
sie sind wie ein Schlaf,
wie ein Gras, das am Morgen noch sproßt,
6 das am Morgen blüht und sproßt
und des Abends welkt und verdorrt.
7 Das macht dein Zorn, daß wir so vergehen,
und dein Grimm, daß wir so plötzlich dahin müssen.
8 Denn unsre Missetaten stellst du vor dich,
unsre unerkannte Sünde ins Licht vor deinem Angesicht.
9 Darum fahren alle unsre Tage dahin durch deinen Zorn,
wir bringen unsre Jahre zu wie ein Geschwätz.
10 Unser Leben währet siebzig Jahre,
und wenn's hoch kommt, so sind's achtzig Jahre,
und was daran köstlich scheint, ist doch nur vergebliche Mühe;
denn es fähret schnell dahin, als flögen wir davon.
11 Wer glaubt's aber, daß du so sehr zürnest,
und wer fürchtet sich vor dir in deinem Grimm?
12 Lehre uns bedenken, daß wir sterben müssen,
auf daß wir klug werden.
13 Herr, kehre dich doch endlich wieder zu uns
und sei deinen Knechten gnädig!
14 Fülle uns frühe mit deiner Gnade,
so wollen wir rühmen und fröhlich sein unser Leben lang.
15 Erfreue uns nun wieder, nachdem du uns so lange plagest,
nachdem wir so lange Unglück leiden.
16 Zeige deinen Knechten deine Werke
und deine Herrlichkeit ihren Kindern.
17 Und der Herr, unser Gott, sei uns freundlich /
und fördere das Werk unsrer Hände bei uns.
Ja, das Werk unsrer Hände wollest du fördern!

Antiphon

Ehre sei dem Vater und dem Sohn und dem Heiligen Geist, /
wie im Anfang, so auch jetzt und alle Zeit
und in Ewigkeit. Amen.

Antiphon

Vorletzter Sonntag des Kirchenjahres

Psalm 50, 1. 4–6. 14–15. 23

Antiphon – Ton 5

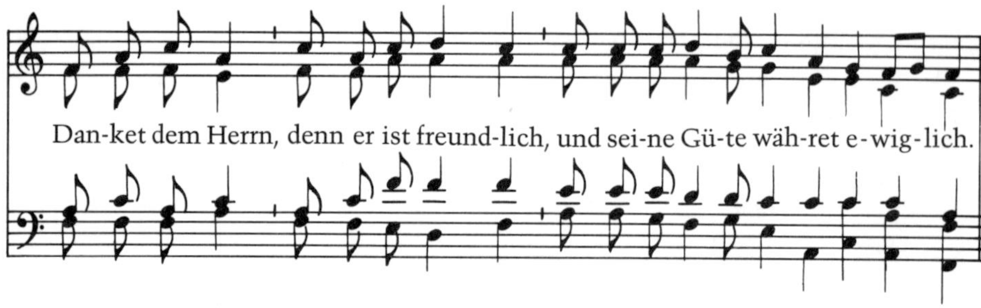

Psalmodie – Ton 5

Antiphon

1 Gott, der Herr, der Mächtige, redet und ruft der Welt zu
vom Aufgang der Sonne bis zu ihrem Niedergang.

4 Er ruft Himmel und Erde zu,
daß er sein Volk richten wolle:

5 »Versammelt mir meine Heiligen,
die den Bund mit mir schlossen beim Opfer.«

6 Und die Himmel werden seine Gerechtigkeit verkünden;
denn Gott selbst ist Richter.

14 Opfere Gott Dank
und erfülle dem Höchsten deine Gelübde,

15 und rufe mich an in der Not,
so will ich dich erretten, und du sollst mich preisen.
23 Wer Dank opfert, der preiset mich,
und da ist der Weg, daß ich ihm zeige das Heil Gottes.

Antiphon

Ehre sei dem Vater und dem Sohn und dem Heiligen Geist, /
wie im Anfang, so auch jetzt und alle Zeit
und in Ewigkeit. Amen. Amen.

Antiphon

Buß- und Bettag

Psalm 130

Antiphon – Ton 8

Psalmodie – Ton 8 (besondere Ausführung – s. S. 59 ff. »Kovalevsky-Psalmen«)

Antiphon

I Aus der Tiefe rufe ich, Herr, zu dir,
2 höre auf meine Stimme!

II Laß deine Ohren merken
auf mein lautes Flehen!

I 3 Wenn du die Sünden anrechnest,
Herr, wer kann bestehen?

II 4 Doch bei dir ist Vergebung,
auf daß man dich fürchte.

I 5 Ich hoffe auf dich, o Herr,
meine Seele hofft auf dein Wort.

II 6 Meine Seele harrt auf den Herrn,
mehr als die Wächter auf den Morgen.

I Mehr als die Wächter auf den Morgen,
7 harre, Israel, auf den Herrn!

II Denn bei dem Herrn ist die Gnade,
bei ihm ist reichlich Erlösung.

I 8 Ja, er wird Israel erlösen
von all seinen Sünden.

II Ehre sei dem Vater und dem Sohne und dem Heiligen Geiste,
wie es war im Anfang, jetzt und immerdar, und von Ewigkeit zu Ewigkeit. Amen.
Antiphon

Letzter Sonntag des Kirchenjahres

Psalm 126

Antiphon

Psalmodie A 15 – Gelineau

Strophen mit 4 Zeilen – Rhythmus: 3 und 2 Betonungen pro Zeile

Antiphon

1 Wenn der Herr die Gefang'nen erlöst,
wird uns sein wie im Traum.
2 Unser Mund wird voll Lachens sein
und unsre Zunge voll Rühmens.

Da wird man sagen unter den Heiden:
»Der Herr hat Großes getan!«
3 Der Herr hat Großes an uns getan,
des sind wir fröhlich.

4 Bringe wieder die Gefang'nen, Herr,
wie du Bäche wiederbringst.
5 Die mit Tränen säen,
werden mit Freuden ernten.

6 Sie gehen hin und weinen
und tragen edlen Samen
und kommen mit Freuden wieder
und bringen ihre Garben.

Antiphon

Ehre dem Vater, dem Sohn, dem Heil'gen Geist,
jetzt und immerdar;
dem Gott, der ist, der da war und der da kommt,
von Weltzeit zu Weltzeit.

Antiphon

Zuordnung der Antiphonen zu den jeweiligen Psalmen und Gesängen

		Psalm bzw. Gesang	Seite
Ton 1:	Du bist mir Zuflucht und Burg, mein Gott, dem ich vertraue.	25, 8–15 34, 16–23 37, 1–7 112, 5–9 139, 1–16. 23–24	205 160 150 199 190
Ton 1:	Erhebe dich über die Himmel, o Gott, und deine Herrlichkeit über alle Lande!	Geheimnis des Glaubens (1 Tim 2, 5–6; 3, 16; 6, 15. 16)	296
Ton 2:	Vom Aufgang der Sonne bis zu ihrem Niedergang sei gelobt der Name des Herrn!	31, 20–25 39, 5–8 127, 1f.; 128, 1–2. 4	154 217 202
Ton 2:	Weise mir, Herr, deinen Weg, daß ich wandle in deiner Wahrheit.	32, 1–5. 10–11 43 86, 1–11. 17	209 163 147
Ton 2:	Gott, richte uns wieder auf! Laß dein Angesicht leuchten, dann ist uns geholfen.	80, 2–8. 15–20	133
Ton 2:	Kehret um zu Gott von ganzem Herzen, denn er ist gnädig und barmherzig.	25, 1–11	159
Ton 3:	Laß uns schauen, o Herr, deine Güte und schenke uns dein Heil.	31, 2–9 84, 6–13 134 Lobgesang des Simeon (Lk 2, 29–32)	156 162 108 281
Ton 3:	Die Strafe liegt auf ihm, auf daß wir Frieden hätten, und durch seine Wunden sind wir geheilt.	22, 2–12	164
Ton 4:	Wie soll ich dem Herrn vergelten alles Gute, das er an mir getan!	116, 1–9 In Gottes Liebe geborgen (Röm 8, 31–39)	170 286
Ton 4:	Herr, höre mein Gebet, vernimm mein Flehen; in deiner Treue erhöre mich!	74, 1–3. 8–11. 20–21 90 143, 1–10	196 218 213
Ton 4:	Bereitet dem Herrn den Weg, daß die Herrlichkeit des Herrn sich offenbare!	24	132
Ton 5:	Danket dem Herrn, denn er ist freundlich, und seine Güte währet ewiglich.	36, 6–11 50, 1. 4–6. 14–15. 23 107, 1–2. 23–32/1–9	185 220 149/192
Ton 5:	Alle Völker werden kommen und vor dir anbeten und deinen Namen ehren, o Herr.	100 Gottes Handeln an uns (Tit 3, 4–7)	143 298
Ton 5:	Kommt, laßt uns jubeln vor dem Herrn und zujauchzen dem Fels unsres Heiles!	98	174

Verzeichnis der Psalmen-Nummern

TEIL III

LIEDER UND GESÄNGE

III. LIEDER UND GESÄNGE

EINFÜHRUNG

In diesem dritten Teil sind Schätze aus dem Reichtum der Kirche des Ostens und des Westens festgehalten. Sie wollen den Hörer mit hineinnehmen in das betende Singen, in den Lobpreis der Gemeinde Jesu Christi an allen Orten und zu allen Zeiten.

Diese Gesänge sind uns in ihrer Art kaum bekannt. Das Besondere liegt in ihren kurzen Strophen, deren Melodie und Satzweise so schlicht und eingängig sind, daß sie den Hörer nicht vom Text ablenken, sondern ihn immer wieder zu der frohmachenden Botschaft hinführen. Einige Gesänge sind der alten Tradition des Kirchengesangs entnommen und mehrstimmig gesetzt worden. Andere sind in den letzten Jahren entstanden. Dabei kommen verschiedene neutestamentliche Texte zum Klingen. Zugleich finden sich freie Dichtungen, die die Gottesdiensttradition der frühen Christenheit fortsetzen. Sie alle weisen auf Gott hin als die Mitte unseres Glaubens und Lebens.

Es finden sich hier auch Gesänge, die bei der Mahlausteilung gesungen werden können, sowie kurze Anrufungen, die von der Gemeinde oder von einem Chor im Gottesdienstgebet gesungen werden können.

Eine besondere Strahlkraft spricht aus den Ostergesängen. Sie entstammen zum großen Teil der Ostkirche, die aus der Freude des Ostergeschehens lebt. Dieser klingende Osterjubel will unsere Herzen durchdringen und darin immer neue Freude entfachen, Freude an der Erlösung durch unseren Herrn Jesus Christus.

»Gott ist ewig« und »Gott liebt uns Menschen und ist uns nahe« – dieser Grundtenor durchzieht die Gesänge. Sie wollen uns tief innen still machen vor der Majestät des heiligen und liebenden Gottes. Dabei können sie uns immer mehr zur Hilfe werden, tiefer hineinzuwachsen in das Geheimnis der Anbetung des lebendigen Gottes.

GESÄNGE ZUM GOTTESDIENST

Gloria I[1]

nach Psalmton 5 und 6

[1] Gloria in excelsis Deo (lateinisch): Ehre sei Gott in der Höhe.

C + F
C + M
Alle
keit: Herr und Gott, Kö - nig des Him - mels, Gott und Va - ter, Herr - scher
C + F
C + M
über das All, Herr, ein - ge - bo - re - ner Sohn, Je - sus Chri - stus. Herr und
C + F
Gott, Lamm Got - tes, Sohn des Va - ters, du nimmst hin - weg die Sün - de der
Alle
C + M
Welt: er - bar - me dich un - ser; du nimmst hin - weg die Sün - de der Welt:

Alle
C + F
nimm an un - ser Ge - bet; du sit - zest zur Rech - ten des Va - ters:
Alle
C + M
er - bar - me dich un - ser. Denn du al - lein bist der Hei - li - ge,
C + F
Alle
du al - lein der Herr, du al - lein der Höch - ste: Je - sus Chri - stus,
mit dem Hei - li - gen Geist, zur Eh - re Got - tes des Va - ters. A - men.

Gloria II[1]

[1] Gloria in excelsis Deo (lateinisch): Ehre sei Gott in der Höhe.

dan - ken dir, denn groß ist dei - ne Herr - lich - keit:
Herr und Gott, Kö - nig des Him - mels, Gott und Va - ter,
Herr - scher ü - ber das All, Herr, ein - ge - bo - re - ner Sohn,
Je - sus Chri - stus. Herr und Gott, Lamm Got - tes,

Sohn des Va - ters, du nimmst hin - weg die Sün - de der Welt:
er - bar - me dich un - ser; du nimmst hin - weg die
Sün - de der Welt: nimm an un - ser Ge - bet;
du sit - zest zur Rech - ten des Va - ters: er - bar - me

dich un - ser. Denn du al-lein bist der Hei-li-ge,
du al-lein der Herr, du al-lein der Höch - ste:
Je - sus Chri - stus, mit dem Hei - li - gen Geist,
zur Eh - re Got - tes des Va - - ters.

Gloria III

Kanon in 4 Stimmen

Übersetzung: Ehre sei Gott in der Höhe, Halleluja.

Apostolisches Glaubensbekenntnis

lento
Pi - la - tus, / ge - kreu - zigt, ge - stor - ben und be - gra - ben, /
schneller
hin - ab - ge - stie - gen in das Reich des To - des, / am drit - ten Ta - ge
auf - er - stan - den von den To - ten, auf - ge - fah - ren in den Himmel; /
er sitzt zur Rech - ten Got - tes, des all - mäch - ti - gen Va - ters; /

[1] In Fortsetzung eines älteren Brauches geben die reformatorischen Kirchen des deutschen Sprachgebietes die allen gemeinsamen lateinischen Worte 'ecclesia catholica' mit 'christliche Kirche' bzw. 'allgemeine christliche Kirche' wieder, während die römisch-katholische Kirche und die altkatholische Kirche an dieser Stelle 'katholische Kirche' sagen.

Nizänisches Glaubensbekenntnis
einfache Form

ein - ge - bo - re - nen Sohn, aus dem Va - ter ge - boren vor al - ler Zeit: Gott von
Gott, Licht vom Licht, wah - rer Gott vom wah - ren Gott, ge - zeugt, nicht
rit.
ge - schaf - fen, eines Wesens mit dem Vater; durch ihn ist al - les ge - schaf - fen.
Für uns Menschen und zu un - serm Heil ist er vom Him - mel

ge - kom - men, hat Fleisch an - ge - nom - men durch den Hei - li - gen Geist
von der Jung - frau Ma - ri - a und ist Mensch ge - wor - den. Er wur - de
langsam
für uns ge - kreu - zigt un - ter Pon - ti - us Pi - la - tus, hat ge - lit - ten
langsamer
schnell, hell
und ist be - gra - ben wor - den, ist am drit - ten Ta - ge auf - er - stan - den

nach der Schrift und auf - ge - fah - ren in den Him - mel. Er sitzt
zur Rech - ten des Va - ters und wird wie - der kom - men in Herr - lich - keit,
zu rich - ten die Le - ben - den und die To - ten; sei - ner Herr - schaft wird
rit.
a tempo
kein En - de sein. Wir glau - ben an den Hei - li - gen Geist, der Herr ist

[1] »und dem Sohn« entfällt bei den Ostkirchen, der Altkatholischen Kirche in Deutschland und der Christkatholischen Kirche der Schweiz.

[2] siehe Anmerkung Seite 242

Wir be - ken - nen die ei - ne Tau - fe zur Ver - ge - bung der Sün - den.
Wir er - war - ten die Auf - er - ste - hung der To - ten und das Le - ben
der kom - men - den Welt. A - men.

Nizänisches Glaubensbekenntnis
festliche Form

II
Und an den ei - nen Herrn Je - sus Chri - stus, Got - tes ein - ge - bo - re - nen Sohn,
rit.
wie gesprochen
aus dem Va - ter ge - bo - ren vor al - ler Zeit: Gott von Gott,
Licht vom Licht, wah - rer Gott vom wah - ren Gott, gezeugt, nicht geschaffen,
ei - nes We - sens mit dem Va - ter; durch ihn ist al - les ge - schaf - fen.

III
p
Für uns Menschen und zu unserm Heil ist er vom Himmel ge-kom-men,
langsamer
hat Fleisch an - ge - nom - men durch den Hei - li - gen Geist
p
von der Jung-frau Ma - ri - a und ist Mensch ge - wor - den.
IV
Er wur - de für uns ge - kreu - zigt un - ter Pon - ti - us Pi - la - tus,

V
hat ge - lit - ten und ist be - gra - ben wor - den,
VI schnell
f
ist am drit - ten Ta - ge auf - er - stan - den nach der Schrift
VII
und auf - ge - fah - ren in den Him - mel. Er sitzt zur
VIII langsamer
Rech - ten des Va - ters und wird wie - der kom - men in

[1] siehe Anmerkung Seite 246

[1] siehe Anmerkung Seite 242

Sanctus

Kanon in 4 Stimmen

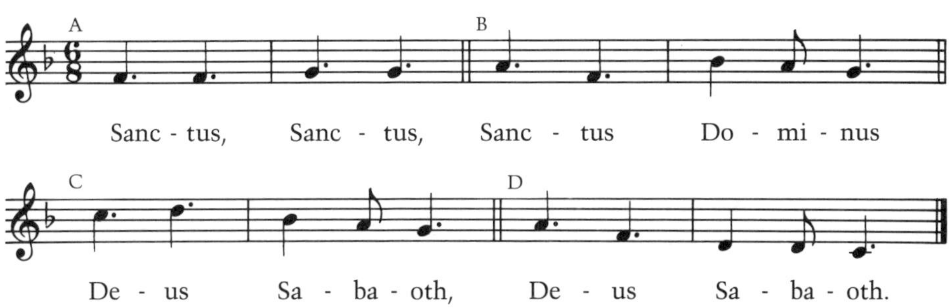

Übersetzung: Heilig, heilig, heilig ist der Herr, der Gott Zebaoth.

Agnus Dei[1]

[1] Agnus Dei (lateinisch): Lamm Gottes

Te Deum[1]

[1] Te Deum laudamus (lateinisch): Gott, dich loben wir.

C + M
die Che - ru - bim und Se - ra - phim mit un - auf - hör - li - cher Stim - me:
C + F
»Hei - lig, hei - lig, hei - lig ist Gott, der Herr, Ze - ba - oth;
C + M
voll sind Himmel und Er - de von dei - nes Ruh - mes Ma - je - stät.«
C + F
Dich lobt der Apostel glor - rei - cher Chor, dich der Propheten ehr -

C + M
wür - di - ge Zahl, dich der Märtyrer weiß - strah - len - des Heer,
C + F/langsamer
dich bekennt die heilige Kirche durch al - le Welt; dich, den Va - ter
un - end - li - cher Ma - je - stät, deinen anbetungs - wür - di - gen,
Alle/molto rit.
wah - ren und ei - ni - gen Sohn samt dem Hei - li - gen Gei - ste, dem Tröster.

M/langsam
Du Kö - nig der Eh - ren, o Chri - ste, du bist des Va - ters e - wi - ger Sohn.
C + F
Als du es auf dich nahmst, die Mensch - heit zu er - lö - sen,
C + M
verschmähtest du nicht der Jung - frau Leib. Nach - dem du des
To - des Sta - chel be - sie - get, hast du auf - getan den Gläubigen

C + F
die Rei - che der Him - mel. Du sit - zest zur Rechten Gottes in der Herr-
lich - keit des Va - ters und wirst als Rich - ter wie - der - kom - men.
C + M
Da - rum bit - ten wir dich: »Hilf dei - nen Die - nern, die du erkauft mit
Alle
dei - nem teu - ren Blut! Laß sie zu dei - nen Hei - li - gen ge -

C + M/schneller
zählt wer - den in e - wi - ger Herr - lich - keit! Sende Heil deinem
C + F
Vol - ke, o Herr, und seg - ne dein Erb - teil! Regiere und er - he - be sie
C + M
bis in die E - wig - keit!« Tag für Tag be - ne - dei - en wir dich
C + F/langsamer
und loben deinen Namen in al - ler E - wig - keit. Du wollest uns heute

be - wah - ren oh - ne Sün - de! O Herr, er - bar - me dich un - ser!
C + M
Deine Barmherzigkeit, o Herr, wal - te ü - ber uns, so wie wir
C + F
auf dich gehoffet ha - ben! Auf dich, o Herr, ha - be ich ge - hofft;
ich wer - de nicht zu - schan - den wer - den in E - wig - keit.

C + M
Eh - re sei dem Va - ter und dem Soh - ne und dem Hei - li - gen
Alle
Gei - ste, wie es war im An - fang, so jetzt und im - mer - dar
und von E - wig - keit zu E - wig - keit. A - men.

Osterhymnus (Christ ist erstanden von den Toten)

1. Sopran 1. Tenor
Alt 1. Baß
2. Sopran 2. Tenor
Le - ben ent-bot. Christ ist er - stan - den von den
2. Baß
To - ten. Im To - de zer - trat er den Tod und
de - nen in Grä - bern er das Le - ben ent - bot.

ABENDMAHLSGESÄNGE

Nehmet den Leib des Herrn

2. Wir beten an unseren Herrn Jesus Christus, der seine Jünger beschenkt hat
   mit den Geheimnissen des neuen Bundes.
3. Wir beten an unseren Herrn Jesus Christus,
   der sich selbst als Opfer dargebracht hat,
   unseren Hohenpriester, der über die Himmel erhoben ist.
4. Wir beten an unseren Herrn Jesus Christus, der die Sünderin freigesprochen hat,
   ihn, der uns durch sein Blut reinigt.
5. Wir beten an unseren Herrn Jesus Christus,
   der die Füße seiner Jünger mit Wasser gewaschen hat,
   ihn, der ihr Herz mit seinem Geist gereinigt hat.
6. Wir beten an unseren Herrn Jesus Christus, der mit einem Kuß verraten wurde,
   ihn, der die Welt geliebt hat, bis er den Tod erlitt.

7. Wir beten an unseren Herrn Jesus Christus,
der sich aus freiem Willen an Pilatus ausgeliefert hat,
ihn, der sich eine unbefleckte Kirche bereitet hat.

II.

1. Wir haben das Brot gebrochen und den Kelch des Heiles gesegnet.
Möge dein Blut, o Herr, für uns zur Quelle des Lebens werden!
2. Die Engel und die Mächte des Himmels haben den Altar umgeben,
Christus, der von der Sünde befreit,
hat das Brot der Heiligen und den Becher des Lebens ausgeteilt.
3. Nähern wir uns mit gereinigtem Herzen dem Altar des Herrn
und sättigen wir uns, erfüllt mit dem Heiligen Geist, an der Güte des Herrn.
4. Der Herr hat das Brot vom Himmel gegeben,
der Mensch hat das Brot des Lebens gegessen;
laßt uns mit Ehrfurcht die himmlische Gabe empfangen!
5. Wer mit gereinigtem Herzen von diesem Brot ißt und von diesem Kelch trinkt,
der bleibt in Gott, und Gott bleibt in ihm.
6. Sieh dein Volk, das hier in deiner Freude versammelt ist;
laß es im Frieden und in der brüderlichen Liebe bleiben!

III.

1. Wer darf hinaufziehen zum Berge des Herrn, wer treten an seine heilige Stätte?
Wer reine Hände hat und ein lauteres Herz.
2. Der wird Segen von dem Herrn empfangen
und Heil von Gott, seiner Hilfe.
3. Schmecket und sehet, wie gütig der Herr ist!
Wohl dem Menschen, der auf ihn vertraut!
4. Christus ist die Quelle des lebendigen Wassers.
Wenn jemand dürstet, komme er zu ihm und trinke.
5. Christus ist das Brot des Lebens, das aus dem Himmel herabgekommen ist.
Wer zu ihm kommt, den wird nicht mehr hungern.
6. Wir haben im Kelch der Danksagung Gemeinschaft mit dem Blut Christi,
in dem Brot, das wir brechen, Gemeinschaft mit seinem Leib.
7. Nunmehr sind wir, die vielen, ein Leib,
denn wir sind alle des einen Brotes teilhaftig.

Und sie erkannten den Herrn

Chor
Und sie er - kann - ten den Herrn, Hal - le - lu - ja, am Bre - chen
des Bro - tes. Hal - le - lu - ja, Hal - le - lu - ja.
Männer
Frauen
Das Brot, das wir bre - chen, der Leib ist es des Her - ren. Der Kelch, den wir
Alle
trin - ken, das Blut ist es des Her - ren: ein ein - zi - ges gro - ßes Ge - heim - nis.
Chor
Und sie er - kann - ten den Herrn, Hal - le - lu - ja, am Bre - chen
des Bro - tes. Hal - le - lu - ja, Hal - le - lu - ja.

Psalm 23

nach Gelineau

Antiphon

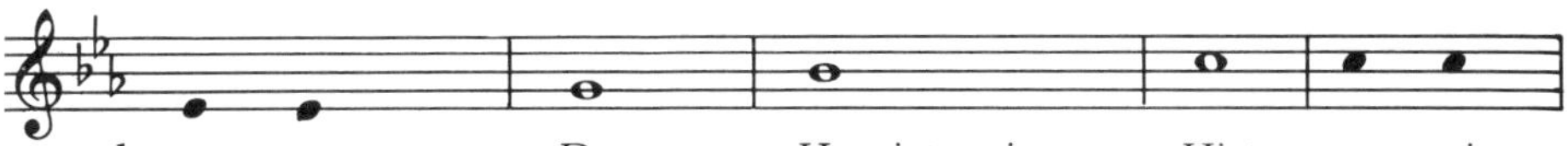

1. Der Herr ist mein Hirte, mir
2. Er führet mich auf rechter Straße um seines
3. Du be- reitest vor mir einen Tisch im Ange-
4. Gutes und Barm- herzigkeit werden mir folgen al- le
5. Ehre dem Vater, dem Sohn, dem Heil'gen Geist jetzt und

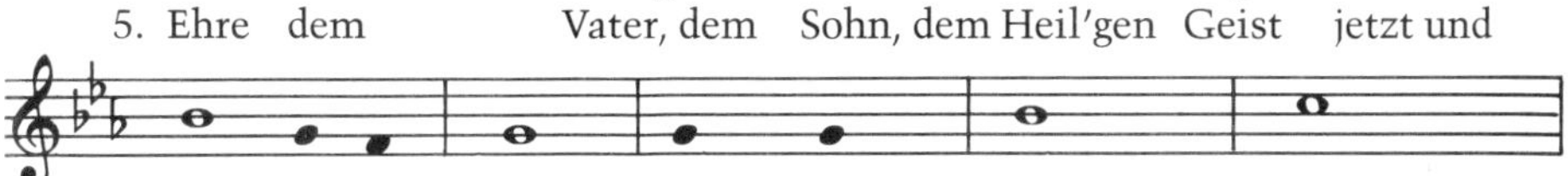

1. wird nichts mangeln. Auf grünen
2. Na- mens willen; und ob ich schon wanderte im finstern
3. sicht mei-ner Feinde, du salbest mein Haupt mit
4. Tage mei-nes Lebens, und ich werde bleiben immer-
5. im- mer- dar; dem Gott, der ist, der da war und der da

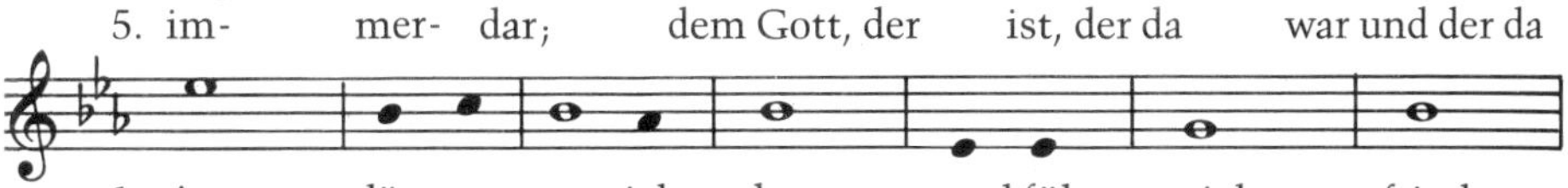

1. Auen lässet er mich lagern und führet mich zu frischem
2. Tal, fürchte ich kein Unglück, denn du bist bei mir, mich
3. Öl
4. dar
5. kommt,

1. Wasser. Er er- quicket mei-ne Seele.
2. trösten dein Stek- ken und Stab.
3. und schenkst den Be- cher mir voll.
4. im Hau- se des Herrn.
5. von Welt- zeit zu Weltzeit.

ANRUFUNGEN

Maranatha, der Herr kommt

Maranatha, komm Herr Jesus

Maranatha, der Herr kommt. Maranatha, Halleluja

Sei mit uns, Herr

Ehre sei Gott

Die Freude unseres Herzens

Die Gnade des Herrn Jesus

Der Himmel freue sich

Errette uns durch deine Liebe

An deinem Kreuz

Gepriesen seist du

O Christus, du Sieger

Erhöre uns, du auferstandener Herr

Sohn des lebendigen Gottes

Unser Hoherpriester

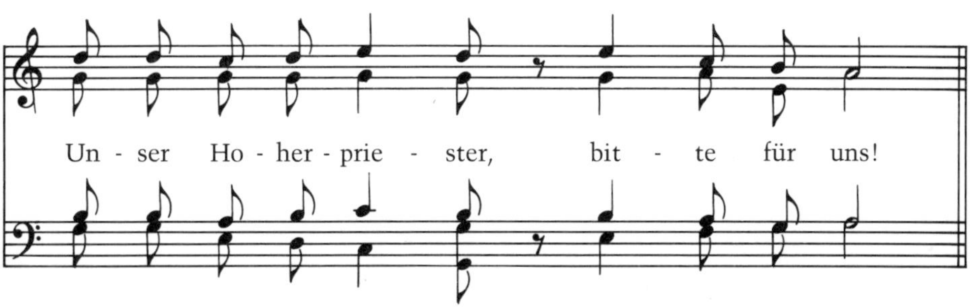

König der Herrlichkeit

Komm, Schöpfer, Heiliger Geist

Heiliger Geist, komm und bete in uns

Heiliger Geist, komm über uns mit der Fülle deiner Kraft

O Herr, erhöre uns und erbarme dich unser

NEUTESTAMENTLICHE PSALMEN UND GESÄNGE

Lobgesang der Maria
Lukas 1, 46 – 55

Antiphon

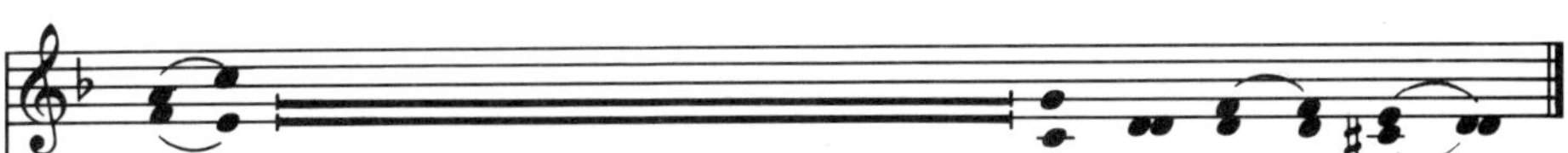

2.	Got-	tes	mei-	nes	Heilan-	des,
3.	sie-	he, von nun an werden mich selig preisen	al-	le	Kindes-	kind,
4.	und	des	Na-	me	heilig	ist,
5.	bei	denen,	die	ihn	fürch-	ten.
6.	und	zerstreuet, die hoffärtig sind in	ih-	res	Herzens	Sinn.
7.	und	erhe-	bet	die	Niedri-	gen.

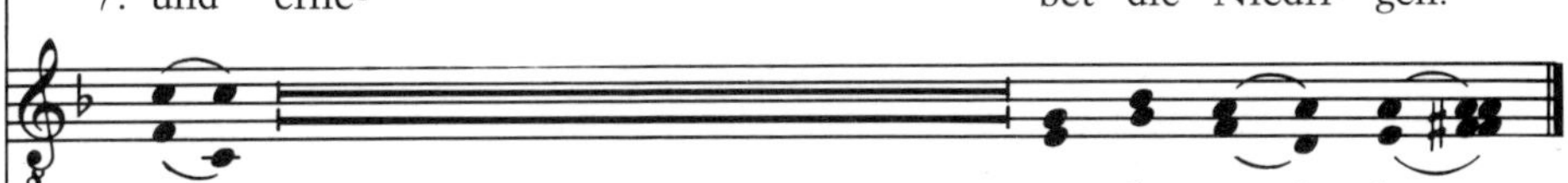

8.	und	läs-	set	die	Reichen	leer.
9.	und	hilft seinem Diener	Is-	ra-	el	auf,
10.	Ab-	raham und seinem	Sa-	men	ewig-	lich.
11.	und	dem Hei-	li-	gen	Gei-	ste,
12.	und	von Ewigkeit zu E-	wig-	keit!	A-	men.

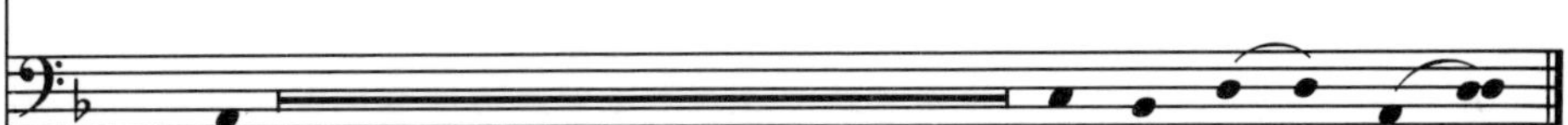

Lobgesang des Zacharias[1]

Lukas 1, 68 – 79

Psalmodie – Ton Peregrinus

68 Gelobt sei der Herr, der Gott Israels!
Denn er hat besucht und erlöst sein Volk
69 und hat uns aufgerichtet eine Macht des Heils
im Hause seines Dieners David,
70 – wie er vorzeiten geredet hat
durch den Mund seiner heiligen Propheten –,
71 daß er uns errettete von unsern Feinden
und aus der Hand aller, die uns hassen,
72 und Barmherzigkeit erzeigte unsern Vätern
und gedächte an seinen heiligen Bund
73 und an den Eid, den er geschworen hat unserm Vater Abraham,
74 uns zu geben, daß wir, erlöst aus der Hand unsrer Feinde,
75 ihm dienten ohne Furcht unser Leben lang
in Heiligkeit und Gerechtigkeit vor seinen Augen.
76 Und du, Kindlein, wirst ein Prophet des Höchsten heißen.
Denn du wirst dem Herrn vorangehen, daß du seinen Weg bereitest
77 und Erkenntnis des Heils gebest seinem Volk
in der Vergebung ihrer Sünden,
78 durch die herzliche Barmherzigkeit unseres Gottes,
durch die uns besuchen wird das aufgehende Licht aus der Höhe,
79 damit es erscheine denen, die sitzen in Finsternis und Schatten des Todes,
und richte unsere Füße auf den Weg des Friedens.

Ehre sei dem Vater und dem Sohn und dem Heiligen Geist, /
wie im Anfang, so auch jetzt und alle Zeit
und in Ewigkeit. Amen.

[1] Bei diesem Gesang wird der Auftakt der Psalmodie bei allen Versanfängen gesungen.

Lobgesang des Simeon[1]

Lukas 2, 29 – 32

Antiphon – Ton 3

Psalmodie – Ton 3

Antiphon

29 Herr, nun läßt du deinen Diener in Frieden fahren,
wie du gesagt hast;
30 denn meine Augen haben deinen Heiland gesehen,
31 den du bereitet hast vor allen Völkern,
32 ein Licht, zu erleuchten die Heiden
und zum Preis deines Volkes Israel.

Antiphon

Ehre sei dem Vater und dem Sohn und dem Heiligen Geist, /
wie im Anfang, so auch jetzt und alle Zeit
und in Ewigkeit. Amen. Amen.

Antiphon

[1] Bei diesem Gesang wird der Auftakt der Psalmodie bei allen Versanfängen gesungen.

Hymnus des Wortes

Johannes 1, 1 – 5. 9 – 14. 16 – 18

Antiphon – Ton 7

Psalmodie – Ton 7

1 Im Anfang war das Wort, /
und das Wort war bei Gott,
und Gott war das Wort.

2 Dasselbe war im Anfang bei Gott. /
3 Alle Dinge sind durch dasselbe gemacht,
und ohne dasselbe ist nichts gemacht, was gemacht ist.

4 In ihm war das Leben,
und das Leben war das Licht der Menschen.

5 Und das Licht scheint in der Finsternis,
und die Finsternis hat's nicht ergriffen.

9 Das war das wahre Licht, /
das alle Menschen erleuchtet,
die in diese Welt kommen.

10 Er war in der Welt, /
und die Welt ist durch ihn gemacht;
aber die Welt erkannte ihn nicht.

11 Er kam in sein Eigentum,
und die Seinen nahmen ihn nicht auf.

12 Wie viele ihn aber aufnahmen, /
denen gab er Macht, Gottes Kinder zu werden,
denen, die an seinen Namen glauben,

13 die nicht aus dem Blut noch aus dem Willen des Fleisches /
noch aus dem Willen eines Mannes,
sondern von Gott geboren sind.

14 Und das Wort ward Fleisch /
und wohnte unter uns,
und wir sahen seine Herrlichkeit,

eine Herrlichkeit als des eingeborenen Sohnes vom Vater,
voller Gnade und Wahrheit.

16 Von seiner Fülle haben wir alle genommen
Gnade um Gnade.

17 Denn das Gesetz ist durch Mose gegeben;
die Gnade und Wahrheit ist durch Jesus Christus geworden.

18 Niemand hat Gott je gesehen; /
der Eingeborene, der Gott ist und in des Vaters Schoß ist,
der hat ihn uns verkündigt.

Antiphon

Ehre sei dem Vater und dem Sohn und dem Heiligen Geist, /
wie im Anfang, so auch jetzt und alle Zeit
und in Ewigkeit. Amen.

Antiphon

Jesus-Psalm – nach »Ich-bin«-Worten Jesu
aus dem Evangelium nach Johannes

Antiphon

Psalmodie – Ton B 31 (Gelineau)

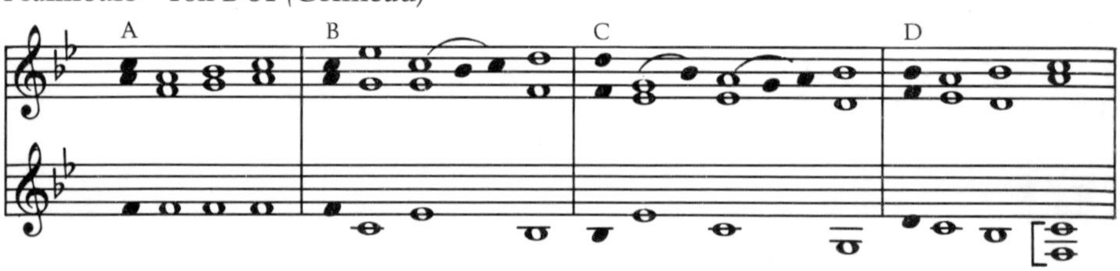

1 Du bist das wahre Licht,
das jeden Menschen erleuchtet;
du bist das Licht dieser Welt,
das hell in der Finsternis scheint.

2 Du allein bist das Lamm Gottes,
das hinwegnimmt die Sünde der Welt.
Du bist der Gesalbte des Herrn,
der mit Heiligem Geiste tauft.

3 Du bist das Brot des Lebens;
wer zu dir kommt, den wird nicht hungern,
und wer an dich glaubt, den wird nicht mehr dürsten,
denn du bist das Wasser des Lebens.

4 Du bist die Tür zum Leben,
und wer durch die enge Pforte geht,
wird gerettet von Tod und Verderben,
wird ein- und ausgehn und Weide finden.

5 Du bist der gute Hirte,
du gibst dein Leben hin für die Schafe;
und du kennst die Deinen mit Namen,
und die Deinen kennen dich.

6 Du bist die Auferstehung und das Leben;
wer an dich glaubt, wird leben, auch im Tod.
Und jeder, der lebt und an dich glaubt,
wird in Ewigkeit nicht sterben.

7 Du bist der Weg, die Wahrheit und das Leben,
außer durch dich kommt niemand zum Vater.
Und wer dich erkennt als den Christus,
der erkennt auch den Vater im Himmel.

Dem allmächtigen Vater sei Ehre,
seinem Sohn, unserm Herrn, Jesus Christ,
und dem Geist, der da wohnt in den Herzen,
von Weltzeit zu Weltzeit. Amen.

Als Kinder Gottes leben

Römer 8, 14 – 17

Psalmodie – Rezitationston

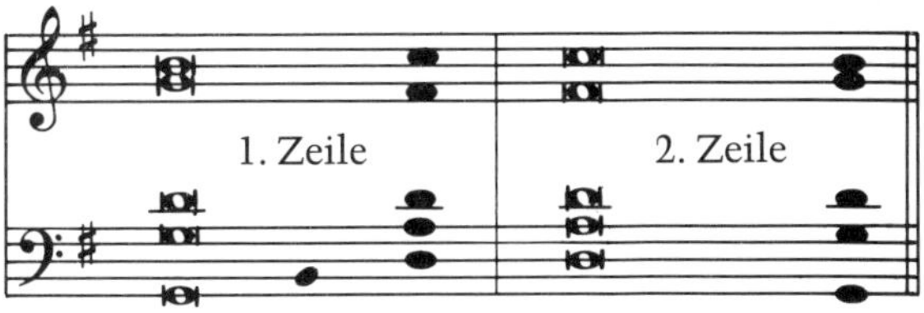

14 Alle, die sich vom Geist Gottes führen lassen,
sind Söhne Gottes.

15 Denn wir haben nicht den Geist empfangen, der uns wieder zu Knechten macht,
so daß wir uns fürchten müßten;

wir haben den Geist empfangen, der uns zu Söhnen macht,
den Geist, in dem wir rufen: Abba, Vater!

16 Der Geist selber bezeugt unserm Geist,
daß wir Kinder Gottes sind.

17 Sind wir aber Kinder, dann auch Erben;
wir sind Erben Gottes und Miterben Christi,

da wir mit ihm leiden,
um auch mit ihm verherrlicht zu werden.

Ehre sei dem Vater und dem Sohn und dem Heiligen Geist,
wie im Anfang, so auch jetzt und alle Zeit und in Ewigkeit. Amen.

In Gottes Liebe geborgen

Römer 8, 31 – 39

Antiphon – Ton 4

Psalmodie – Ton 4

Antiphon

31 Ist Gott für uns, /
wer ist dann gegen uns?
32 Er hat seinen Sohn nicht verschont,
sondern ihn hingegeben für uns alle;
wie sollte er uns mit ihm nicht alles schenken?
33 Wer kann die Erwählten Gottes beschuldigen?
Gott ist es, der gerecht macht.
34 Wer wagt es zu richten? /
Christus Jesus ist gestorben und wurde auferweckt,
er sitzt zur Rechten Gottes und tritt für uns ein.
35 Was kann uns scheiden von der Liebe Christi? /
Bedrängnis oder Not oder Verfolgung,
Hunger oder Kälte, Gefahr oder Schwert?

36 Um deinetwillen sind wir den ganzen Tag dem Tode ausgesetzt; /
wir werden wie Schafe behandelt,
die man zum Schlachten führt.

37 Doch all das überwinden wir
durch den, der uns geliebt hat.

38 Denn ich bin gewiß: Weder Tod noch Leben,
weder Engel noch Mächte,

weder Gegenwärtiges noch Zukünftiges,
39 weder Gewalten der Höhe oder Tiefe

noch irgendeine andere Kreatur /
können uns scheiden von der Liebe Gottes,
die in Christus Jesus ist, unserem Herrn.

Antiphon

Ehre sei dem Vater und dem Sohn und dem Heiligen Geist, /
wie im Anfang, so auch jetzt und alle Zeit
und in Ewigkeit. Amen.

Antiphon

Staunen über die Größe Gottes

Römer 11, 33 – 36

un - er - forsch - lich sei - ne We - ge! 34 Denn wer hat die Gedanken
des Herrn er - kannt? O - der wer ist sein Rat - ge - ber ge - we - sen?
35 Wer hat ihm et - was ge - ge - ben, so daß Gott ihm et - was zu - rück -
ge - ben müß - te? 36 Denn aus ihm und durch ihn und auf ihn sind

Gott, der Herr über Kirche und Welt

Epheser 1, 17a. 18 – 23

Psalmodie – Rezitationston

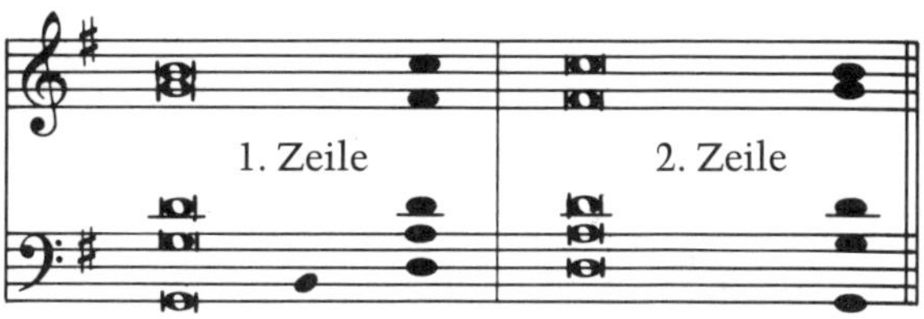

17 Der Gott Jesu Christi
18 erleuchte die Augen eures Herzens,
damit ihr versteht, zu welcher Hoffnung ihr durch ihn berufen seid,
welchen Reichtum die Herrlichkeit seines Erbes den Heiligen schenkt
19 und wie überragend groß seine Macht sich an uns, den Gläubigen, erweist
durch das Wirken seiner Kraft und Stärke.
20 Er hat sie an Christus erwiesen, den er von den Toten auferweckt
und im Himmel auf den Platz zu seiner Rechten erhoben hat,
21 hoch über alle Fürsten,
Gewalten, Mächte und Herrschaften
und über jeden Namen,
der nicht nur in dieser Welt, sondern auch in der zukünftigen genannt wird.
22 Alles hat er ihm zu Füßen gelegt
und ihn, der als Haupt alles überragt, über die Kirche gesetzt.
23 Sie ist sein Leib,
die Fülle dessen, der alles in allem erfüllt.

Ehre sei dem Vater und dem Sohn und dem Heiligen Geist,
wie im Anfang, so auch jetzt und alle Zeit und in Ewigkeit. Amen.

Christus-Psalm

Philipper 2, 5 – 11

Psalmodie – Jesus-Bruderschaft

5 Ein jeglicher sei gesinnt,
wie Jesus Christus auch war,
6 der, als er in Gottes Gestalt war,
es nicht für einen Raub hielt, wie Gott zu sein,

7 sondern sich selbst entäußerte,
indem er Knechtsgestalt annahm
und den Menschen ähnlich wurde;
und der Erscheinung nach wie ein Mensch erfunden,

8 erniedrigte er sich selbst und wurde gehorsam bis zum Tode,
ja, bis zum Tode am Kreuz.
9 Daher hat ihn Gott auch über die Maßen erhöht
und ihm den Namen geschenkt, der über jeden Namen ist,

10 damit in dem Namen Jesu sich beuge jedes Knie derer,
die im Himmel und auf Erden und unter der Erde sind,
11 und jede Zunge bekenne, daß Jesus Christus der Herr ist,
zur Ehre Gottes, des Vaters.

Amen.

Dem allmächtigen Vater sei Ehre,
seinem Sohn, unserm Herrn Jesus Christ,
und dem Geist, der da wohnt in den Herzen,
von Weltzeit zu Weltzeit.

Amen.

Lobpreis der Vollmacht Jesu

Kolosser 1, 12 – 20

15. Er ist das Bild des unsichtbaren Got - tes, der Erstgeborene der gan - zen
Schöp - fung. 16. Denn in ihm wurde alles erschaf - fen im Him-mel und auf
Er - den, das Sichtbare und das Unsichtbare, Throne und Herrschaften,
Für - sten und Ge - wal - ten; alles ist auf ihn hin geschaf - - fen.
17. Er ist vor aller Schöp - fung, alles hat in ihm Bestand. 18. Er ist das Haupt des

Leibes, der Leib a - ber ist die Kir - che. Er ist der Ursprung, der Erst - ge -
bo - re - ne der To - ten; so hat er in al - lem den Vor - rang. 19. Denn Gott
wollte mit seiner ganzen Fül - le in ihm woh - nen, 20. um durch ihn al -
les zu ver - söh - nen und alles auf Erden und im Himmel zu Chri - stus
zu füh - ren, der Frieden gestiftet hat durch das Blut sei - nes Kreu - zes.

Christus – erhaben und nah seinem Volk

Kolosser 1, 15 – 20

Antiphon

Psalmodie – Ton 8

Geheimnis des Glaubens

1.Timotheus 2, 5. 6; 3, 16; 6, 15. 16

Antiphon – Ton 1

Psalmodie – Ton 1

2,5 Einer ist Gott, /
einer auch Mittler zwischen Gott und den Menschen:
der Mensch Christus Jesus,

6 der sich als Lösegeld hingab für alle,
ein Zeugnis zur rechten Zeit.

3,16 Er wurde offenbar im Fleisch, /
als gerecht erwiesen durch den Geist,
geschaut von den Engeln,

verkündet unter den Heiden, /
geglaubt in der Welt,
aufgenommen in die Herrlichkeit.

6,15 Sein Erscheinen wird herbeigeführt zur rechten Zeit
von dem seligen und einzigen Herrscher,

dem König der Könige und Herrn der Herren,
16 der allein die Unsterblichkeit besitzt,

der in unzugänglichem Lichte wohnt,
den kein Mensch gesehen hat noch zu sehen vermag:
Ihm gebührt Ehre und ewige Macht.

Antiphon

Ehre sei dem Vater und dem Sohn und dem Heiligen Geist
wie im Anfang, so auch jetzt und alle Zeit
und in Ewigkeit. Amen.

Antiphon

Gemeinschaft mit Christus

2. Timotheus 2, 11 – 13

Antiphon

Psalmodie – Rezitationston

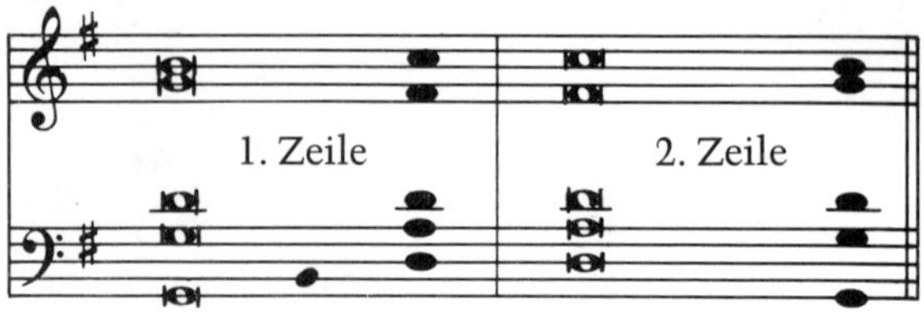

Antiphon

11 Wenn wir mit Christus gestorben sind,
werden wir auch mit ihm leben;
12 wenn wir standhaft bleiben,
werden wir auch mit ihm herrschen;
wenn wir ihn verleugnen,
wird auch er uns verleugnen.
13 Wenn wir untreu sind, so bleibt er doch treu,
denn er kann sich selbst nicht verleugnen.

Antiphon

Ehre sei dem Vater und dem Sohn und dem Heiligen Geist,
wie im Anfang, so auch jetzt und alle Zeit und in Ewigkeit. Amen.

Antiphon

Gottes Handeln an uns

Titus 3, 4 – 7

Antiphon – Ton 5

Psalmodie – Ton 5

4 Erschienen ist die Güte und Menschenliebe Gottes, /
unseres Retters;
5 er hat uns gerettet:

nicht wegen unserer gerechten Taten,
sondern aufgrund seines Erbarmens,

durch das Bad der Wiedergeburt
und der Erneuerung im Heiligen Geist.

6 Ihn hat er über uns ausgegossen in reichem Maß
durch Jesus Christus, unseren Retter;

7 denn wir sollen gerechtfertigt werden durch seine Gnade
und das ewige Leben erben, das wir erhoffen.

Antiphon

Ehre sei dem Vater und dem Sohn und dem Heiligen Geist, /
wie im Anfang, so auch jetzt und alle Zeit
und in Ewigkeit. Amen.

Antiphon

Das neue Gottesvolk

1. Petrus 2, 9. 10

Antiphon – Ton 7

Psalmodie – Ton 7

Antiphon

9 Ihr seid ein auserwähltes Geschlecht, /
eine königliche Priesterschaft, ein heiliger Stamm,
ein Volk, das sein Eigentum wurde.

Ihr sollt die großen Taten dessen verkünden,
der euch aus der Finsternis in sein wunderbares Licht gerufen hat.

10 Einst wart ihr nicht-sein-Volk;
jetzt aber seid ihr Gottes Volk;

einst gab es für euch kein Erbarmen,
jetzt aber habt ihr Erbarmen gefunden.

Antiphon

Ehre sei dem Vater und dem Sohn und dem Heiligen Geist, /
wie im Anfang, so auch jetzt und alle Zeit
und in Ewigkeit. Amen.

Antiphon

Lobpreis der Erlösten

Offenbarung 4, 11; 5, 9 – 10. 12 – 13

Psalmodie – Ton 6

er - schaf - fen hat, durch dei - nen Wil - len war es und wur - de es
er - schaf - fen. / 5,9 Wür - dig bist du, das Buch zu emp - fan - gen
und sei - ne Sie - gel zu öff - nen; / denn du bist ge - schlach - tet
wor - den und hast durch dein Blut für Gott Men - schen er - kauft aus
3
4
rit.

rit.
al - len Stäm - men und Spra - chen, aus al - len Völ - kern und Na - ti -
5
o - nen, / 10 und du hast sie für un - sern Gott zu Kö - ni - gen
und zu Prie - stern ge - macht, und sie wer - den herr - schen auf der
6
Er - de. / 12 Wür - dig ist das Lamm, das ge - schlach - tet ist,

Macht zu emp - fan - gen, Reich - tum und Weis - heit, Kraft und
allargando
7
Eh - re, Herr - lich - keit und Lob - preis! / 13 Dem, der
auf dem Thron sitzt, und dem Lamm ge - büh - ren Lob - preis und Eh -
rit.
à tempo
re, Herr - lich - keit und Kraft in E - wigkeit. A - men.

ALPHABETISCHES VERZEICHNIS
LIEDER UND GESÄNGE

QUELLENVERZEICHNIS

Im Quellenverzeichnis wird aus Platzgründen eine Anzahl von Abkürzungen gebraucht. Wir bitten Sie beim Abdruck eines Teiles aus dem Liturgiebuch um vollständige Quellenangabe.

Beispiel: Christus-Psalm (Seite 290)
Quellenvermerk im Liturgiebuch (s. Seite 317):
T.: Phil 2,5–11: V. 5 (L 64), © DBG, V. 6–11 (ZÜ), © TVZ;
M. u. S.: Jesus-Bruderschaft, © PV

Beim Abdruck bitten wir um folgenden Vermerk:

Text: Phil 2,5, Übersetzung Martin Luthers, revidiert 1964,
© Deutsche Bibelgesellschaft, Postfach 810340, 7000 Stuttgart 80;
Phil 2,6–11, Übersetzung Zürcher Bibel, © Theologischer Verlag
und Buchhandlungen AG, Räffelstraße 20, CH-8045 Zürich;
Melodie u. Satz: Jesus-Bruderschaft, © Präsenz-Verlag der Jesus-Bruderschaft, Gnadenthal, D-6257 Hünfelden.

Wenn nicht anders vermerkt und abgesehen von Texten, die kirchliches Allgemeingut sind, stammen die angegebenen Texte von der Jesus-Bruderschaft, © PV.

Seite	
12	Joh 17,20–23 (PV), © PV
13	Apg 2,42 (L 64), © DBG
21	Holzschnitt: Andreas Felger, © PV
22	Jes 26,9 (L 84), © DBG Ps 57,8.9 (L 84), © DBG
23	Vignette: Andreas Felger, © PV Alles, was ihr tut . . .: Kol 3,23.24 (PV) Geht hin . . .: Lk 10,3 (L 84), © DBG Send deine Boten aus . . .: T. u. M.: altk.; S: Maxime Kovalevsky, © PV
25, 27	Vignette: Andreas Felger, © PV
27	Herr, erbarme dich . . .: T. u. M.: altk.; S: Maxime Kovalevsky, © PV
28	Vier Fragen . . .: Nach: Eine einfältige Weise zu beten, für einen guten Freund. 1535; WA 38, 358–373; LD 6,205–222 Alles, was ihr tut . . .: Kol 3,23.24 (PV) Geht hin . . .: Lk 10,3 (L 84), © DBG
29	Send deine Boten aus . . .: T.: Jesus-Bruderschaft; M. u. S.: Maxime Kovalevsky, © PV
31, 33	Vignette: Andreas Felger, © PV
32	Lk 22,19 (PV) 1 Kor 10,16f. (ZÜ), © TVZ
33	Herr, erbarme dich . . .: T. u. M.: altk.; S.: Maxime Kovalevsky, © PV
34	Gott aber sei Dank . . .: 2 Kor 2,14a (ZÜ), © TVZ Das Brot . . .: nach 1 Kor 10,16 Lieber himmlischer Vater, . . .: nach Didache 9,3f.

35 Unser Herr Jesus Christus . . .: nach 1 Kor 11,23–25; Mt 26,26–28 und Parallelstellen
Vater unser . . .: Mt 6,9–15 (ALT), © KLB
Frieden hinterlaß' ich euch . . .: Joh 14,27; 13,34 (Gabriel Bultmann), © GB; M. u. S.: Maxime Kovalevsky, aus: LGR, © PV

38 Wer an Jesus Christus glaubt, . . .: vgl. Mk 16,16
Schmeckt und seht . . .: Ps 34,9 (PV)
Danket dem Herrn . . .: Ps 107,1 (L 64), © DBG; M.: nach Ton 8 (gregor.); S.: Maxime Kovalevsky, © PV
Alles, was ihr tut . . .: Kol 3,23.24 (PV)
Geht hin . . .: Lk 10,3 (L 84), © DBG
Send deine Boten aus . . .: T.: Jesus-Bruderschaft; M. u. S.: Maxime Kovalevsky, © PV

41 Holzschnitt: Andreas Felger, © PV

42 Lk 22,19 (PV)
1 Kor 10,16f. (ZÜ), © TVZ

43 Vignette: Andreas Felger, © PV
Herr, erbarme dich . . .: T. u. M.: altk.; S.: Maxime Kovalevsky, © PV

44 Gedenk an uns . . .: T.: nach Lk 23,42 und Mt 5,3–12 (Gabriel Bultmann), © GB; M.: 1. Troparion-Ton (russ.); S.: Maxime Kovalevsky, © PV

45 Erhöre uns, o Herr!: M.: altk.; S.: Maxime Kovalevsky, © PV

46 Das Brot, das . . .: nach 1 Kor 10,16
Lieber himmlischer Vater, . . .: nach Didache 9,3f.
Heilig, heilig, . . .: T.: altk. (ALT), © KLB; M.: altk.; S.: Maxime Kovalevsky, © PV

47 Unser Herr Jesus Christus . . .: nach 1 Kor 11,23–25, Mt 26,26–28 und Parallelstellen
Geheimnis des Glaubens . . .: T.: altk. (Gotteslob), © KLB; M.: altk.; S.: Maxime Kovalevsky, © PV

48 Vater unser . . .: Mt 6,9–15 (ALT), © KLB
Frieden hinterlaß' ich euch . . .: T.: Joh 14,27; 13,34 (Gabriel Bultmann); © GB; M. u. S.: Maxime Kovalevsky, aus: LGR, © PV

51 Wer an Jesus Christus glaubt, . . .: vgl. Mt 16,16
Schmeckt und seht . . .: Ps 34,9 (PV)

52 Send deine Boten aus . . .: T.: Jesus-Bruderschaft; M. u. S.: Maxime Kovalevsky, © PV

53 1 Joh 1,6–9 (ZÜ), © TVZ
Herr, erbarme dich . . .: T. u. M.: altk.; S.: Maxime Kovalevsky, © PV

55, 57 Vignette: Andreas Felger, © PV

57 Hört, unser Gott . . .: T.: Jesus-Bruderschaft, © PV; M.: südamerikanische Volksweise
Du Heiliger Geist . . .: T.: Larry Christenson, © LC, geändert aus: Die Bedeutung der Gnadengaben für die Gemeinde Jesu Christi, © für die deutsche Ausgabe RFE

59, 61	Vignette: Andreas Felger, © PV
60	Eph 4,3–6 (L 75), © DBG
61	Herz und Herz vereint zusammen . . .: T.: nach Nikolaus Ludwig Graf von Zinzendorf (1700–1760), bearbeitet von Christian Gregor (1723–1801); M.: 1688, geistl.: Brüdergemeine, nach 1735; S.: Maxime Kovalevsky, © PV
62	Röm 15,5–7 (PV) Eph 4,1–6 (PV) Phil 2,1–5 (PV)
63	Joh 10,14–16 (PV) Joh 11,51 c. 52 (PV) Eph 4,15.16 (PV)
64	Wie wenig wird dein Leid . . .: T. u. M.: Jesus-Bruderschaft; S.: Maxime Kovalevsky, © PV Herr Jesus Christus, . . .: T.: Bruderschaft vom gemeinsamen Leben, © Bruderschaft vom gemeinsamen Leben, Deutschland/Schweiz
65	Herr Jesus Christus, . . .: T.: Jesus-Bruderschaft; M. u. S.: Maxime Kovalevsky, © PV
66	Erhöre uns, o Herr! Dir bringen wir . . .: T.: Jesus-Bruderschaft; M. u. S.: Maxime Kovalevsky, © PV
67	Joh 17,20.21: (EÜ leicht geändert), © KBA
68	Amen, Amen: M. u. S.: Maxime Kovalevsky, © PV
69, 71	Vignette: Andreas Felger, © PV
70	Joh 1,29 (L 75), © DBG Jes 53,4.5 (L 64), © DBG
71	König mit Purpur gekleidet . . .: T. u. M.: Jesus-Bruderschaft, aus: Mosaik 1–4, © PV
72	Das Lamm Gottes . . .: T. u. M.: Jesus-Bruderschaft, aus Mosaik 1–4, © PV Im Namen Jesu ist die Macht . . .: T. u. M.: Jesus-Bruderschaft, aus: Mosaik 1–4, © PV
73	König der Könige . . .: T. u. M.: Jesus-Bruderschaft, aus: Mosaik 1–4, © PV
74	Ich bin kein Mensch . . .: T. u. M.: Jesus-Bruderschaft, aus: Mosaik 1–4, © PV Gebunden, ausgestreckt . . .: T. u. M.: Jesus-Bruderschaft, © PV
75	Mein Herr Jesus . . .: T. u. M.: Jesus-Bruderschaft, © PV
76	Lk 23,33.34 (PV) Ps 32,1.2 (ZÜ), © TVZ Ps 103,1–6 (ZÜ), © TVZ
77	Holzschnitt: Andreas Felger, © PV
78	Joh 19,26.27 (PV) Ps 69,7–9 (ZÜ), © TVZ
79	Holzschnitt: Andreas Felger, © PV
80	Lk 23,42.43 (PV) Ps 25,6–11 (ZÜ), © TVZ
81	Holzschnitt: Andreas Felger, © PV

82 Mt 27,46 (PV)
Ps 22,2–5.6–8.26–29 (ZÜ), © TVZ
83 Holzschnitt: Andreas Felger, © PV
84 Joh 19,28 (PV)
Ps 22,16–20 (ZÜ), © TVZ
Ps 69,20–22 (ZÜ), © TVZ
85 Holzschnitt: Andreas Felger, © PV
86 Lk 23,44–45a (PV)
Lk 23,45b–46 (ZÜ), © TVZ
Ps 31,2–6 (ZÜ), ©TVZ
87 Holzschnitt: Andreas Felger, © PV
88 Joh 19,30 (PV)
Jes 25,1.7–9 (ZÜ), © TVZ
Ps 103,6–13 (ZÜ), © TVZ
91 Holzschnitt: Andreas Felger, © PV
92 2 Tim 1,10 (PV)
93 Vignette: Andreas Felger, © PV
95 Holzschnitt: Andreas Felger, © PV
96 Phil 4,6 (L 75), © DBG
97 Vignette: Andreas Felger, © PV
Jesu Friede sei mit allen ...: T. u. M.: Jesus-Bruderschaft; S.: Maxime Kovalevsky; aus: Mosaik 1–4, © PV
Du mildes Licht ...: T.: Hl. Athenogen († 163); M.: nach altkirchlicher Formel; S.: Maxime Kovalevsky, © PV
99 Vater unser ...: Mt 6,9–15 (ALT), © KLB
O Christus, du Sieger ...: M. u. S.: Maxime Kovalevsky, © PV
100 Amen, Amen ...: M. u. S.: Maxime Kovalevsky, © PV
101 Holzschnitt: Andreas Felger, © PV
102 Jes 26,9 (L 75), © DBG
103 Vignette: Andreas Felger, © PV
Laßt uns beten ...: nach: EKG By, © ELKB
1 Petr 5,8f. (EÜ), © KBA
Gott, gedenke mein ... Halleluja!: T. u. M.: nach EKG By, © ELKB; S.: Maxime Kovalevsky, © PV
104 Bevor des Tages Licht vergeht ...: T.: Prof. Dr. Friedrich Dörr, 1969, © FD, nach »Te lucis ante terminum« (5./6. Jhdt.); M.: Kempten (um 1000); S.: Maxime Kovalevsky, © PV
105 Ich rufe dich an ...: M.: nach Ton 7 (altk.); S.: Maxime Kovalevsky, © PV
Psalmodie – Ton 7: M.: altk.; S.: Maxime Kovalevsky, © PV
Psalm 4 (L 64), © DBG
106 Der Herr ist nahe ...: T.: Ps 145,18 (ZÜ), © TVZ; M.: nach Ton 8 (gregor.); S.: Maxime Kovalevsky, © PV
Psalmodie – Ton 8: M.: gregor.; S.: Maxime Kovalevsky, © PV
107 Psalm 91 (L 64), © DBG

108	Antiphon – Ton 3: T.: Ps 85,8 (ZÜ), © TVZ; M.: nach Ton 3 (gregor.); S.: Maxime Kovalevsky, © PV Psalmodie – Ton 3: M.: Ton 3 (gregor.); S.: Maxime Kovalevsky, © PV Psalm 134 (L 64), © DBG
109	Jer 14,9 (PV) Joh 15,9–16 (ZÜ), © TVZ In deine Hände ...: T.: Ps 31,6; M.: altk., aus EKG By, © ELKB; S.: Maxime Kovalevsky, © PV
110	Nun läßt du, Herr, ...: T.: Lk 2,29–32 (L 84), © DBG, M.: Ton 3 (gregor.); S.: Maxime Kovalevsky, © PV
112	Heiliger Gott, ...: T. u. M.: altk. Kyrie eleison! ...: T. u. M.: altk. Vater unser ...: Fassung: ALT, © KLB; M.: altk.; S.: Maxime Kovalevsky, © PV
114	Laßt uns beten ... Ewigkeit: T.: nach EKG By, © ELKB Jesus kam ...: nach Joh 20,19–21 (PV)
119	Eph 5,19 (nach L 75), © DBG Kol 3,16 (PV), © PV »Ist ein Vers oder Psalm ...«: T.: Dietrich Bonhoeffer, aus GemL, S. 37, © CKV »Der Leib Christi betet ...«: T.: Dietrich Bonhoeffer, aus GemL, S. 39, © CKV
120	Ps 5,2.3 (L 64), © DBG »Immer sind es ...«: T.: Dietrich Bonhoeffer, aus GemL, S. 39, © CKV Ps 5,9 (L 64), © DBG »Ehre sei dem Vater ...: Fassung: ALT
124	Ps 121: T.: J. Junger, © PV; M. u. S.: P. Joseph Gelineau, © PV
125	Rezitationston: S.: Maxime Kovalevsky, © PV Beispiel: T.: Ps 37,6.7 (L 64), © DBG
126	Psalmodien mit Gitarrenbegleitung: Morgen, Abend 1, Abend 2, Komplet: M.: Fr. Marcellus Earl, © Gen
127	Advent: M.: John Keating, Gary Sacharsky, © 1980 WG Passion: M.: John Keating, Gary Sacharsky, © 1980 WG Weihnachten/Ostern: M.: Ted Kennedy III, © 1980 WG Ps 4,2 (L 64), © DBG; M.: Ton für Komplet: Fr. Marcellus Earl, © Gen
128	Ps 8,6 (L 64), © DBG; M.: Ton 6 (gregor.) »Ehre sei dem Vater ...«: (ALT); M.: Ton 6 (gregor.)
129	Ps 134,3 (L 64), © DBG; M.: gregor.; S.: Maxime Kovalevsky, © PV Ps 91,1 (L 64), © DBG; M.: gregor.; S.: Maxime Kovalevsky, © PV
131	Holzschnitt: Andreas Felger, © PV
139	Holzschnitt: Andreas Felger, © PV
167	Holzschnitt: Andreas Felger, © PV
179	Holzschnitt: Andreas Felger, © PV

Text					Musik		
Seite	Psalm	Antiphon	Übersetzung	©	Melodie	Satz	©
132	24		L 64	DBG	gregor.	M. Kovalevsky	PV
		Herk. unbek.			gregor.	M. Kovalevsky	PV
133	80		L 64	DBG	gregor.	M. Kovalevsky	PV
		Ps 80, 4	EÜ	KBA	gregor.	M. Kovalevsky	PV
135	85		J. Junger	PV	J. Gelineau		PV
		Herk. unbek.	J. Junger	PV	J. Klenk		PV
136	102		L 64	DBG	gregor.	M. Kovalevsky	PV
			altk.		M. Kovalevsky		PV
138[1]	98		ZÜ	TVZ	gregor.	M. Kovalevsky	PV
		Joh 1, 14	L 64	DBG	gregor.	M. Kovalevsky	PV
140	121		J. Junger	PV	J. Gelineau		PV
		Ps 121, 2	J. Junger	PV	J. Klenk		PV
141	8		L 64	DBG	gregor.	M. Kovalevsky	PV
		Ps 8, 10	L 64	DBG	gregor.	M. Kovalevsky	PV
143	100		L 64	DBG	gregor.	M. Kovalevsky	PV
		Ps 86, 9	L 64	DBG	gregor.	M. Kovalevsky	PV
144	89		L 64	DBG	gregor.	M. Kovalevsky	PV
		Herk. unbek.			gregor.	M. Kovalevsky	PV
146	105		L 64	DBG	gregor.	M. Kovalevsky	PV
		Ps 92, 2	ZÜ	TVZ	gregor.	M. Kovalevsky	PV
147	86		L 64	DBG	gregor.	M. Kovalevsky	PV
		Ps 86, 11	L 64	DBG	gregor.	M. Kovalevsky	PV
149	107		L 64	DBG	gregor.	M. Kovalevsky	PV
		Ps 107, 1	L 64	DBG	gregor.	M. Kovalevsky	PV
150	37		L 64	DBG	gregor.	M. Kovalevsky	PV
		Ps 91, 2	EÜ	KBA	gregor.	M. Kovalevsky	PV
152	97		L 64	DBG	gregor.	M. Kovalevsky	PV
		Herk. unbek.			gregor.	M. Kovalevsky	PV
154	31		L 64	DBG	gregor.	M. Kovalevsky	PV
		Ps 113, 3	L 64	DBG	gregor.	M. Kovalevsky	PV
155	119		L 64	DBG	gregor.	M. Kovalevsky	PV
		Ps 119, 9	EÜ	KBA	gregor.	M. Kovalevsky	PV
156	31		L 64	DBG	gregor.	M. Kovalevsky	PV
		Ps 89, 8	ZÜ	TVZ	gregor.	M. Kovalevsky	PV
157	91		L 64	DBG	gregor.	M. Kovalevsky	PV
		Ps 145, 18	ZÜ	TVZ	gregor.	M. Kovalevsky	PV
159	25		ZÜ	TVZ	gregor.	M. Kovalevsky	PV
		Herk. unbek.			gregor.	M. Kovalevsky	PV

[1] s. Seite 312 unten

	Text				Musik		
Seite	Psalm	Antiphon	Übersetzung	©	Melodie	Satz	©
160	34		L 64	DBG	gregor.	M. Kovalevsky	PV
		Ps 91,2	EÜ	KBA	gregor.	M. Kovalevsky	PV
162	84		L 64	DBG	gregor.	M. Kovalevsky	PV
		Ps 85,8	ZÜ	TVZ	gregor.	M. Kovalevsky	PV
163	43		L 64	DBG	gregor.	M. Kovalevsky	PV
		Ps 86,11	L 64	DBG	gregor.	M. Kovalevsky	PV
164	22		ZÜ	TVZ	gregor.	M. Kovalevsky	PV
		Jes 53,5b	L 64	DBG	gregor.	M. Kovalevsky	PV
166	111		L 64	DBG		M. Kovalevsky	PV
168[1]	118		ZÜ	TVZ	gregor.	M. Kovalevsky	PV
		altk.			gregor.	M. Kovalevsky	PV
170	116		L 64	DBG	gregor.	M. Kovalevsky	PV
		Ps 116,12	ZÜ	TVZ	gregor.	M. Kovalevsky	PV
171	23		L 64	DBG	gregor.	M. Kovalevsky	PV
		Ps 23,1	L 64	DBG	gregor.	M. Kovalevsky	PV
172	66		J. Junger	PV		J. Gelineau	PV
		Ps 66,1	J. Junger	PV	J. Klenk nach Claude Rozier u. Marynie E. Rose		PV
174	98		L 64	DBG	gregor.	M. Kovalevsky	PV
		Ps 95,1	EÜ	KBA	gregor.	M. Kovalevsky	PV
175	95		J. Junger	PV		J. Gelineau	PV
		Herk. unbek.	J. Junger	PV		J. Klenk nach J. Gelineau	PV
176	47		J. Junger	PV		J. Gelineau	PV
		Ps 47,1	J. Junger	PV		J. Klenk nach Jacques Berthier	PV
177	27		J. Junger	PV		J. Gelineau	PV
		Ps 27,1	J. Junger	PV		J. Klenk nach J. Gelineau	PV
180[1]	118		ZÜ	TVZ	gregor.	M. Kovalevsky	PV
		Herk. unbek.			gregor.	M. Kovalevsky	PV
182	145		L 64	DBG	gregor.	M. Kovalevsky	PV
		Ps 8,10	L 64	DBG	gregor.	M. Kovalevsky	PV
184	34		ZÜ	TVZ	gregor.	M. Kovalevsky	PV
		nach Ps 34,9			gregor.	M. Kovalevsky	PV
185	36		L 64	DBG	gregor.	M. Kovalevsky	PV
		Ps 107,1	L 64	DBG	gregor.	M. Kovalevsky	PV
187	103		L 64	DBG	gregor.	M. Kovalevsky	PV
		Ps 107,1	L 64	DBG	gregor.	M. Kovalevsky	PV

[1] s. Seite 312 unten

Seite	Text: Psalm	Antiphon	Übersetzung	©	Musik: Melodie	Satz	©
188	42		J. Junger	PV		J. Gelineau	PV
		nach Ps 42,3	J. Junger	PV		J. Klenk nach J. Gelineau	PV
190	73		L 64	DBG	gregor.	M. Kovalevsky	PV
190	139		L 64	DBG	gregor.	M. Kovalevsky	PV
		Ps 91,2	EÜ	KBA	gregor.	M. Kovalevsky	PV
192	107		L 64	DBG	gregor.	M. Kovalevsky	PV
		Ps 107,1	L 64	DBG	gregor.	M. Kovalevsky	PV
194	48		L 64	DBG		M. Kovalevsky	PV
194	40		L 64	DBG	gregor.	M. Kovalevsky	PV
		Ps 92,2	ZÜ	TVZ	gregor.	M. Kovalevsky	PV
196	74		L 64	DBG	gregor.	M. Kovalevsky	PV
		Ps 143,1	EÜ	KBA	gregor.	M. Kovalevsky	PV
197	113		J. Junger	PV		J. Gelineau	PV
		nach Ps 113,1	J. Junger	PV		J. Klenk	PV
199	147		L 64	DBG		M. Kovalevsky	PV
199	112		L 64	DBG	gregor.	M. Kovalevsky	PV
		Ps 91,2	EÜ	KBA	gregor.	M. Kovalevsky	PV
201	146		L 64	DBG	gregor.	M. Kovalevsky	PV
		Ps 34,2	L 64	DBG	gregor.	M. Kovalevsky	PV
202	127/128		L 64	DBG	gregor.	M. Kovalevsky	PV
		Ps 113,3	L 64	DBG	gregor.	M. Kovalevsky	PV
204	68		L 64	DBG	gregor.	M. Kovalevsky	PV
		Herk. unbek.			gregor.	M. Kovalevsky	PV
205	25		L 64	DBG	gregor.	M. Kovalevsky	PV
		Ps 91,2	EÜ	KBA	gregor.	M. Kovalevsky	PV
207	1		J. Junger	PV		J. Gelineau	PV
		nach Ps 1,1	J. Junger	PV		J. Klenk nach J. Gelineau	PV
208	104		L 64	DBG	gregor.	M. Kovalevsky	PV
		nach Ps 43,4	EÜ geändert	KBA	gregor.	M. Kovalevsky	PV
209	32		L 64	DBG	gregor.	M. Kovalevsky	PV
		Ps 86,11	L 64	DBG	gregor.	M. Kovalevsky	PV
211	119		L 64	DBG	gregor.	M. Kovalevsky	PV
		Ps 119,89	EÜ	KBA	gregor.	M. Kovalevsky	PV
212	19		J. Junger	PV		J. Gelineau	PV
		nach Ps 19,10	J. Junger	PV		J. Klenk nach J. Gelineau	PV

	Text				Musik		
Seite	Psalm	Antiphon	Übersetzung	©	Melodie	Satz	©
213	143		L 64	DBG	gregor.	M. Kovalevsky	PV
		Ps 143,1	EÜ	KBA	gregor.	M. Kovalevsky	PV
215	33		J. Junger	PV		J. Gelineau	PV
		Herk. unbek.	J. Junger	PV		J. Klenk nach J. Gelineau	PV
217	39		L 64	DBG	gregor.	M. Kovalevsky	PV
		Ps 113,3	L 64	DBG	gregor.	M. Kovalevsky	PV
218	90		L 64	DBG	gregor.	M. Kovalevsky	PV
		Ps 143,1	EÜ	KBA	gregor.	M. Kovalevsky	PV
220	50		L 64	DBG	gregor.	M. Kovalevsky	PV
		Ps 107,1	L 64	DBG	gregor.	M. Kovalevsky	PV
221	130		ZÜ	TZV	M. Koval. nach gregor.		PV
		Ps 51,12	L 64	DBG	gregor.	M. Kovalevsky	PV
223	126		J. Junger	PV		J. Gelineau	PV
		Ps 126,5	L 64	DBG		J. Klenk nach J. Gelineau	PV

232 Gloria I: T.: ALT, © KLB; M. u. S.: Maxime Kovalevsky nach Ton 5 u. 6 (gregor.), © PV

235 Gloria II: T.: ALT, © KLB; M. u. S.: Maxime Kovalevsky, © PV

239 Gloria III: T.: Lk 2,14 (lat.); M.: Jacques Berthier, Taizé © Chr.

240 Apostolisches Glaubensbekenntnis: T.: ALT, © KLB; M. u. S.: Maxime Kovalevsky, © PV

243 Nizänisches Glaubensbekenntnis (einfache Form): T.: ALT, © KLB; M. u. S.: Maxime Kovalevsky, © PV

249 Nizänisches Glaubensbekenntnis (festliche Form): T.: ALT, © KLB; M. u. S.: Maxime Kovalevsky, © PV

255 Sanctus II (Kanon in 4 Stimmen): T.: Jes 6,3 (lat.); M.: Jacques Berthier, Taizé, © Chr.

256 Agnus Dei: T.: ALT, © KLB; M. u. S.: Maxime Kovalevsky, © PV

257 Te Deum: T.: altk., aus: »Die Liturgie« (Andachtsbuch zum Gebrauch bei allen Gottesdiensten der christlichen Kirche), herausgeg.: Hamburg, 1894; M. u. S.: Maxime Kovalevsky, © PV

265 Osterhymnus: T.: ostk. (Gabriel Bultmann), © GB; M.: altrussisch; S.: Maxime Kovalevsky, © PV

267 Nehmet den Leib des Herrn ...: T.: P. André Gouzes OP, z. T. nach Fragmenten liturgischer Texte der frühen Kirche, Fassung nach: P. Hubertus Tommek, © HT; M. u. S.: P. André Gouzes OP, aus: Liturgie Tolosane des Prêcheurs, © AG

269 Und sie erkannten den Herrn . . .: T.: Maxime Kovalevsky und Jesus-Bruderschaft nach: Joh 6,35.51, Lk 24,35, Joh 7,37, Joh 6,56; Ton 6 (gregor.); S.: Maxime Kovalevsky, © PV

271 Psalm 23 (nach Gelineau): Übersetzung: Johannes Junger, nach Luthertext; M.: P. Joseph Gelineau; S.: Jürgen Klenk nach P. Joseph Gelineau, © PV

272 Anrufungen: M. u. S.: Maxime Kovalevsky, © PV

278 Lobgesang der Maria: T.: Lk 1,46–55 (Martin Luther); M.: Ton Peregrinus (gregor.); S.: unbekannter Meister

280 Lobgesang des Zacharias: T.: Lk 1,68–79 (L 84), © DBG; M.: Ton Peregrinus (gregor.); S.: Maxime Kovalevsky, © PV

281 Lobgesang des Simeon: T.: Lk 2,29–32 (L 84), © DBG; M.: Ton 3 (gregor.); S.: Maxime Kovalevsky, © PV
Antiphon: T.: Ps 85,8 (ZÜ), © TVZ; M.: nach Ton 3 (gregor.); S.: Maxime Kovalevsky, © PV

282 Hymnus des Wortes: T.: Joh 1,1–5.9–14.16–18 (L 84), © DBG; M.: Ton 7 (gregor.); S.: Maxime Kovalevsky, © PV
Antiphon: T.: Joh 1,14 (L 84), © DBG; M.: nach Ton 7 (gregor.); S.: Maxime Kovalevsky, © PV

284 Jesus-Psalm: T.: Jesus-Bruderschaft nach Joh 1,9.8.12; 1,5; 1.29; Mt 16,16; 3,11; Joh 6,35; 4,10; 10,7.9.11.14; 11,25.26; 14,6.9, © PV; M. u. S.: P. Joseph Gelineau, © PV
Antiphon: T.: Jesus-Bruderschaft; M. u. S.: Jürgen Klenk, © PV

285 Als Kinder Gottes leben: T.: Rm 8,14–17 (PsG), © KBA; M. u. S.: Maxime Kovalevsky, © PV

286 In Gottes Liebe geborgen: T.: Rm 8,31–39: V. 31–37 (PsG), © KBA, V. 38.39 (EÜ), © KBA; M.: Ton 4 (gregor.); S.: Maxime Kovalevsky, © PV
Antiphon: T.: Ps 116,12 (ZÜ), © TVZ; M.: nach Ton 4 (gregor.); S.: Maxime Kovalevsky, © PV

287 Staunen über die Größe Gottes: T.: Rm 11,33–36: V. 33.36 (PsG), © KBA, V. 34.35 (EÜ, leicht geändert), © KBA; M.: Maxime Kovalevsky nach Ton 1 (gregor.); S.: Maxime Kovalevsky, © PV

289 Gott, der Herr über Kirche und Welt: Eph 1,17a.18–23 (EÜ, leicht geändert), © KBA; M. u. S.: Maxime Kovalevsky, © PV

290 Christus-Psalm: T.: Phil 2,5–11: V. 5 (L 64), © DBG, V. 6–11 (ZÜ), © TVZ; M. u. S.: Jesus-Bruderschaft, © PV

291 Lobpreis der Vollmacht Jesu: T.: Kol 1,12–20, deutsche Fassung: P. Hubertus Tommek SJ, nach NTE, © KBA; M. u. S.: P. André Gouzes OP, aus: Liturgie Tolosane des Prêcheurs, © AG

294 Christus – erhaben und nah seinem Volk: T.: Kol 1,15–20 (PsG), © KBA; M.: Maxime Kovalevsky nach Ton 8 (gregor.), © PV
Antiphon: T.: Kol 1,12 (nach PsG), © KBA; M.: PsG, © KBA; S.: Maxime Kovalevsky, © PV

296 Geheimnis des Glaubens: T.: 1 Tim 2,5.6; 3,16; 6,15.16 (PsG), © KBA; M.: Ton 1 (gregor.); S.: Maxime Kovalevsky, © PV
Antiphon: T.: nach Ps 57,6 (EÜ, leicht geändert), © KBA; M.: Maxime Kovalevsky nach Ton 1 (gregor.); S.: Maxime Kovalevsky, © PV

297 Gemeinschaft mit Christus: T.: 2 Tim 2,11–13 (PsG), © KBA; M. u. S.: Maxime Kovalevsky, © PV
Antiphon: T.: Ps 86,9 (L 64), © DBG; M. u. S.: Maxime Kovalevsky, © PV

298 Gottes Handeln an uns: T.: Tit 3,4–7 (PsG), © KBA; M.: Ton 5 (gregor.); S.: Maxime Kovalevsky, © PV
Antiphon: T.: Ps 86,9 (nach L 64), © DBG; M.: nach Ton 5 (gregor.); S.: Maxime Kovalevsky, © PV

300 Das neue Gottesvolk: T.: 1 Petr 2,9.10 (EÜ), © KBA; M.: Ton 7 (gregor.); S.: Maxime Kovalevsky, © PV
Antiphon: T.: Ps 133,1 (L 64, leicht geändert), © DBG; M.: nach Ton 7 (gregor.); S.: Maxime Kovalevsky, © PV

301 Lobpreis der Erlösten: T.: Offb 4,11; 5,9–10.12–13 (PsG, leicht geändert), © KBA; M. u. S.: Maxime Kovalevsky, © PV

ABKÜRZUNGEN

A	alle
AG	P. André Gouzes OP, Atelier de Musique Liturgique, Abbaye de Sylvanes, F-12360 Camares
ALT	Arbeitsgemeinschaft für liturgische Texte der Kirchen im deutschen Sprachgebiet, © KLB
altk.	altkirchlich
Apg	Apostelgeschichte
B.v.g.L.	Bruderschaft vom gemeinsamen Leben
bzw.	beziehungsweise
Chr.	© Les Presses de Taizé, deutsche Rechte: Christophorus-Verlag Herder GmbH, Hermann-Herder-Straße 4, 7800 Freiburg
CKV	Chr. Kaiser Verlag, Postfach 509, 8000 München 43
DBG	Deutsche Bibelgesellschaft, Postfach 810340, 7000 Stuttgart 80
E	einzelner
EKB (By)	Evangelisches Kirchengesangbuch, Ausgabe für die Evangelisch-Lutherische Kirche in Bayern, © ELKB
ELKB	Landeskirchenamt der Evangelisch-Lutherischen Kirche in Bayern, Postfach 370240, 8000 München 37
Eph	Brief an die Epheser
EÜ	Einheitsübersetzung der Heiligen Schrift: Die Bibel; Gesamtausgabe; Psalmen und Neues Testament, ökumenischer Text, © 1980 KBA
ev.	eventuell
f	und der folgende Vers
FD	Prof. Dr. Dr. Friedrich Dörr, Residenzplatz 3, 8833 Eichstätt
ff	und die folgenden Verse
GB	Gabriel Bultmann, Keusching 7, »Feichtinger«, A-5580 Tamsweg
GemL	Dietrich Bonhoeffer, »Gemeinsames Leben«, 20. Auflage, München 1985
Gen	Fr. Marcellus Earl, Abbey of the Genesee, Piffard, NY 14533, USA
gregor.	gregorianisch
Herk.	Herkunft
HT	P. Hubertus Tommek SJ, Neue Kantstraße 1, 1000 Berlin 19
Jer	Jeremia
Jes	Jesaia
Joh	Evangelium nach Johannes
1 Joh	Erster Brief des Johannes
KBA	Katholische Bibelanstalt GmbH, Silberburgstraße 121A, 7000 Stuttgart 1
KLB	Ständige Kommission für die Herausgabe der gemeinsamen liturgischen Bücher der Kirchen im deutschen Sprachgebiet, Banthusstraße 1, 5500 Trier
Kol	Brief an die Kolosser
1 Kor	Erster Brief an die Korinther
2 Kor	Zweiter Brief an die Korinther

L 64	Die Bibel nach der Übersetzung Martin Luthers, revidiert 1964, © DBG
L 75	Die Bibel nach der Übersetzung Martin Luthers, revidiert 1975, © DBG
L 84	Die Bibel nach der Übersetzung Martin Luthers, revidiert 1984, © DBG
lat.	lateinisch
LC	Rev. Larry Christenson, P.O.Box 13055, St.Paul, MN 55113, USA
LD 6	»Luther deutsch.« Die Werke Martin Luthers in neuer Auswahl für die Gegenwart; herausgegeben von Kurt Aland, Band 6, 2. Auflage, Stuttgart und Göttingen, 1966
LGR	Die heilige Liturgie nach dem gallikanischen Ritus oder Liturgie nach dem heiligen German von Paris; Musik: Maxime Kovalevsky, Paris 1965
Lk	Evangelium nach Lukas
M.	Melodie
Mt	Evangelium nach Matthäus
NTE	Das Neue Testament – Einheitsübersetzung der Heiligen Schrift, 4. Auflage 1973, © KBA
Offb	Offenbarung des Johannes
1 Petr	Erster Brief des Petrus
Phil	Brief an die Philipper
Ps	Psalm
PsG	Psalter für den Gottesdienst, 3. Auflage, 1975, © KBA
PV	Präsenz-Verlag der Jesus-Bruderschaft, Gnadenthal, 6257 Hünfelden
RFE	Oekumenischer Verlag Dr. R. F. Edel, Horringhausen 23, 5880 Lüdenscheid-Lobetal
Rm	Brief an die Römer
s.	siehe
S.	Satz
S.	Seite
T	Text
1 Thess	Erster Brief an die Thessalonicher
1 Tim	Erster Brief an Timotheus
2 Tim	Zweiter Brief an Timotheus
Tit	Brief an Titus
TVZ	Theologischer Verlag und Buchhandlungen AG, Räffelstraße 20, CH-8045 Zürich
u.	und
u. a.	unter anderem
unbek.	unbekannt
V	Vers
vgl.	vergleiche
WA	Weimarer Ausgabe der Werke Martin Luthers, 1883 ff.
WG	The Word of God, P.O.Box 8617, Ann Arbor, MI 48107, USA
z. B.	zum Beispiel
ZÜ	Zürcher Bibel, © TVZ